Optimal

Lehrwerk für Deutsch als Fremdsprache

Testheft

von
Cornelia Gick

Langenscheidt

Berlin · München · Wien · Zürich · New York

Redaktion: Cornelia Rademacher
Visuelles Konzept, Layout: Ute Weber
Umschlaggestaltung: Studio Schübel Werbeagentur; Foto Getty Images / V. C. L.
Zeichnungen: Christoph Heuer und Theo Scherling

***Optimal* A2 – Materialien**

Lehrbuch A2	3-468-47031-2
Audio-Kassetten A2	3-468-47034-7
Audio-CDs A2	3-468-47035-5
Arbeitsbuch A2	3-468-47032-0 mit eingelegter Lerner-Audio-CD
Lehrerhandbuch A2	3-468-47033-9 mit eingelegter Lehrer-CD-ROM
Testheft A2 mit eingelegter Audio-CD	3-468-47039-8
Glossar Deutsch-Englisch A2	3-468-47040-1
Glossar Deutsch-Französisch A2	3-468-47041-X
Glossar Deutsch-Italienisch A2	3-468-47042-8
Glossar Deutsch-Spanisch A2	3-468-47043-6
Lerner-CD-ROM A2	3-468-47038-X
Einstufungstest im Internet	

Symbole im Testheft *Optimal* A2

2 **Hören** Sie auf der CD zum Testheft den Index 2.

Quellen

Texte:

S. 21 Engstler, Heribert; Menning, Sonja: Die Familie im Spiegel der amtlichen Statistik. Lebensformen, Familienstrukturen, wirtschaftliche Situation der Familien und familiendemographische Entwicklung in Deutschland. Erweiterte Neuauflage 2003. Erstellt im Auftrag des Bundesministeriums für Familie, Senioren, Frauen und Jugend in Zusammenarbeit mit dem Statistischen Bundesamt. S. 33

S.27 Wilhelmine Nr. 10, Januar 2001, S. 2–7, Herausgeberin: Die Gleichstellungsbeauftragte der Westfälischen Wilhelms-Universität Münster Dr. Marianne Ravenstein

Fotos:

S. 16 Vanessa Daly, München
S. 17 Paul Rusch, Götzens

Internetadressen:
www.langenscheidt.de/optimal
www.langenscheidt.de

Umwelthinweis: gedruckt auf chlorfrei gebleichtem Papier

Printed in Germany
ISBN 978-3-468-47039-4

3. 4. 5. 6. 7. * 13 12 11 10 09

Inhaltsverzeichnis

Einleitung

Testen im Unterricht

Die vorliegenden Lernfortschrittstests zu **Optimal** geben Lernenden und Lehrenden wichtige Informationen über den Verlauf des Sprachlernprozesses. Sie machen sichtbar, was die Lernenden bereits können, aber auch, wo noch Defizite bestehen. Tests haben allgemein einen motivatorischen Charakter: Lernende sehen Tests als besondere Herausforderung, auf die sie sich gezielt vorbereiten. Sie sind stolz, wenn sie einen Test gut bestanden haben. Aber auch ein Feedback, was sie besser machen können, kann ein Ansporn sein. Für die Akzeptanz von Tests ist es wichtig, dass sie für die Lernenden selber transparent sind und ein klar erkennbarer Zusammenhang zwischen Unterricht und Tests besteht. Darauf wurde besonderer Wert gelegt. Diese Lernfortschrittstests zu **Optimal** prüfen ausschließlich das ab, was bisher Lernstoff war. Die Aufgabenformate entsprechen denen im Lehr- und Arbeitsbuch. Die Tests schließen das jeweilige Kapitel ab und sollten in jedem Unterricht ihren festen Platz haben.

Lernfortschrittstests und Niveaustufen

Das Lehrwerk **Optimal** bereitet systematisch auf die Niveaustufe A2 basierend auf dem **Gemeinsamen europäischen Referenzrahmen** vor. Am Ende des Buches sollten die Lernenden eine internationale Prüfung wie **Start Deutsch 2** bestehen können. Informationen sowie eine Probeprüfung in Anlehnung an **Start Deutsch 2** zum Kennenlernen finden Sie unter „Training Test" im Arbeitsbuch.

Niveaustufenprüfungen sind kompetenzbezogen und somit lehrwerkunabhängig. Im Testheft wird folglich auf einen lehrwerkspezifischen Abschlusstest verzichtet, denn Lernende, die erfolgreich mit **Optimal A2** gearbeitet haben, sollten jede A2-Prüfung bestehen können. In den Lernfortschrittstests wird kontinuierlich auch fertigkeitsspezifisch und nicht nur mit isolierten Wortschatz- und Grammatikaufgaben geprüft. Einzelne Aufgabenformate entsprechen bereits denen der Start Deutsch-Prüfung, sodass die Lernenden mit diesen Aufgabenformaten vertraut sind.

Optimal orientiert sich in den Lernzielbeschreibungen an **Profile Deutsch**. Die Kann-Beschreibungen auf der Rückschauseite am Ende jedes Arbeitsbuchkapitels spiegeln die Lernziele des Kapitels wider und kündigen an, was in den Tests geprüft wird. So erhalten die Lernenden die Möglichkeit, am Ende eines Kapitels auf das Gelernte zurückzublicken, sich zunächst selber zu evaluieren und sich zugleich auf die Evaluation mittels Lernfortschrittstests einzustellen.

Aufbau des Testhefts

Wie bereits im Testheft zu Optimal A1 finden Sie zu jedem Kapitel einen dreiseitigen Test. Geprüft werden die vier Grundfertigkeiten Hören, Lesen, Schreiben und Sprechen. Weiter gibt es Aufgaben zum Lernwortschatz und zur Grammatik.
Im Anhang finden Sie den Lösungsschlüssel und die Transkripte.

Jeder Test ist gleich aufgebaut. Er beginnt mit dem Hörverstehen und endet mit dem Sprechen. Den Hörtext finden Sie auf der in das Testheft eingelegten CD. Bei der Gestaltung der Aufgaben zu den Fertigkeiten stand der Handlungscharakter im Vordergrund. Bei den produktiven Fertigkeiten Sprechen und Schreiben geht es darum, Informationen zu geben und zu erfragen. Aufgaben zum Sprechen sind deshalb konsequent als Partnerarbeit angelegt.

Korrektur und Bewertung

Ein besonderer Service ist die Vorgabe der Punkte in der Randspalte. Sie vereinfacht Korrektur und Feedback und macht die Bewertung transparent. Nicht erreichte Punkte werden gestrichen, bestehen bleibende einfach am Ende zusammengezählt. Das erleichtert die Korrektur für die Lehrenden und fördert die Transparenz für die Lernenden. Bei den produktiven Fertigkeiten, wo es nicht nur darum geht, ob ein Item gelöst wurde, sondern auch die Qualität der Lösung bewertet werden muss, sind die möglichen Punkte grau unterlegt. Diese Punkteangaben sind als Skala zu verstehen. Je nach sprachlicher Qualität der Lösung und Komplexität der Aufgabe können z.B. für die Lösung eines Inhaltspunkts bis zu fünf Punkte vergeben werden. Gerade bei dem wachsenden Niveau und der damit auch verbundenen Vielfalt möglicher Lösungen, sollte zunehmend dazu übergegangen werden, die gesamte Aufgabe mit einer kriterienbezogenen Bewertungsskala zu bewerten.

Dafür können Sie das folgende Raster benutzen:

Inhalt	
Kommunikatives Ziel erreicht und alle Inhaltspunkte der Aufgabe angemessen erfüllt	5
Kommunikatives Ziel erreicht, Inhaltspunkte genannt, aber teilweise nicht näher ausgeführt	4
Kommunikatives Ziel insgesamt erreicht, Inhaltspunkte nur teilweise berücksichtigt	3
Kommunikatives Ziel nur teilweise erreicht und Inhaltspunkte nur teilweise berücksichtigt	2
Kommunikatives Ziel nicht erreicht und Inhaltpunkte nicht erfüllt	0

Sprache	
In allen Teilen gut verständlich und sprachlich dem Niveau voll angemessen	5
In allen Teilen verständlich und sprachlich dem Niveau angemessen	4
Fehler beeinträchtigen geringfügig das Verständnis; sprachlich dem Niveau weitgehend angemessen	3
Fehler beeinträchtigen das Verständnis; die sprachliche Ausdruckfähigkeit ist eingeschränkt	2
Fehler beeinträchtigen das Verständnis erheblich; die sprachliche Ausdruckfähigkeit ist deutlich eingeschränkt	1

In jedem Kapitel können pro Prüfungsteil 10 Punkte erreicht werden. Pro Test gibt es also insgesamt maximal 60 Punkte.

Einsatz der Tests im Unterricht

Setzen Sie die Tests auf jeden Fall jeweils am Ende des Kapitels ein. Sie können sie zur Fremdevaluation benutzen, also selber korrigieren und bewerten, oder aber den Lernenden zur Selbstevaluation ggf. mit Lösungsschlüssel zur Verfügung stellen. Spielen Sie die Hörtexte von der CD nur einmal vor, außer es wird in der Anweisung etwas anderes verlangt. Die schriftlichen Testteile dauern insgesamt etwa 30 Minuten.

Für den Testteil Sprechen gibt es in jedem Kapitel am Ende des Tests eine Partnerarbeitsaufgabe. Sie können damit sehr unterschiedlich umgehen:

- Sie können die Lernenden diese Aufgabe in der Klasse durchführen und von den Lernenden gegenseitig selber bewerten lassen.
- Sie können herumgehen und in die Gespräche hineinhören, Ihre eigene Bewertung notieren und anschließend mit der der Lernenden vergleichen.
- Sie können die Gespräche auf Kassette sprechen lassen und bewerten.

Je nachdem, wie Sie die Sprechaufgabe durchführen, brauchen die Lernenden dafür etwa 5–10 Minuten. Begrenzen Sie die Zeit und achten Sie darauf, dass die Dialoge nicht vorher schriftlich ausformuliert werden, sondern spontan gesprochen werden. Die beiden Punkteskalen am Ende des Testbogens ermöglichen es, den Testteil Sprechen in die Gesamtbewertung mit einzubeziehen oder ganz wegzulassen. Wir empfehlen Ihnen aber aufgrund der positiven Erfahrungen aus Test 1 die Sprechaufgaben, da sie in vielen Fällen für die Lernenden eine Bestätigung des Erreichten sind und damit die Motivation erhöhen.

Ihren Lernenden und Ihnen viel Erfolg und vor allem viel Freude beim Testen!

Die Autorin und der Verlag

1

Name ______________________________

Hören

1 **Sie hören 10 Dialoge. Wo ist das? Markieren Sie die Zahl auf dem Plan.**

1
1
1
1
1
1
1
1
1
1

Lesen

2 **Richtig oder falsch? Markieren Sie.**

Lieber Peter,

Hamburg ist toll! Du kannst überall das Wasser riechen. Und noch etwas ist immer da: der Wind! Ihn fühlst du auf der Haut. Jetzt im Sommer ist der Wind angenehm, aber im Herbst und Winter ist das sicher nicht so toll. Und immer wieder hört man in der Stadt das Tuten der großen Schiffe.

Zuerst habe ich mir das Zentrum angesehen, den Jungfernstieg mit seinen Geschäften und den vielen Cafés. Ich bin an der Alster spazieren gegangen. Die Alster ist ein kleiner Fluss, nur 56 km lang. In Hamburg ist die Alster wie ein See.

Am Samstag bin ich zum Hafen gefahren. Ich war an den Landungsbrücken. Das ist Hamburgs Wasserbahnhof. Hier halten die Touristenschiffe. Ich habe auf einer Bank gesessen und den Menschen zugesehen. Dann habe ich die Augen geschlossen: Stimmen, Worte auf Deutsch und in vielen Sprachen. Ich habe geträumt, ich fahre weit weg. Mit einem Schiff über das Meer, bis nach New York oder Indien.

Ich war auch am Hamburger Hafen. Hier kommen die großen Schiffe aus der ganzen Welt an. Sie bringen Öl, Autos, Obst und vieles mehr. Man hört die großen Maschinen, Motoren, und immer wieder dieses Tuten von den Schiffen.

Schön ist auch die Speicherstadt. Das ist ein Stadtteil von Hamburg direkt an der Elbe. Es sind alte Häuser für Kaffee, Tee, Gewürze. Sie stehen direkt im Wasser. Ich war auch im Gewürzmuseum. Es riecht nach den vielen Gewürzen aus der ganzen Welt. Gestern früh war ich auf dem Fischmarkt. Auch hier riecht es nach Meer und Salzwasser, aber nicht nach Fisch.

Ich habe Hamburg mit der Nase und den Ohren entdeckt. Nächste Woche sehe ich mir die Kunstmuseen gleich am Bahnhof an. Nächste Woche ist meine „Augenwoche".

Herzliche Grüße aus Hamburg!
Karin

	R	F		R	F	
1. Karin hat Hamburg mit der Nase entdeckt.	☐	☐	6. Sie träumt von einer Reise nach Südamerika.	☐	☐	1 1
2. Sie mag den Wind im Sommer.	☐	☐	7. Im Hamburger Hafen kommen die Touristenschiffe an.	☐	☐	1 1
3. Man hört das Tuten der Schiffe in der Stadt.	☐	☐	8. Die Häuser in der Speicherstadt stehen im Wasser.	☐	☐	1 1
4. Zuerst ist sie zum Hafen gegangen.	☐	☐	9. Auf dem Fischmarkt riecht es nach Fisch.	☐	☐	1 1
5. Die Alster ist ein See.	☐	☐	10. Sie war im Kunstmuseum.	☐	☐	1 1

Schreiben

3 Schreiben Sie einen kurzen Text über die Stadt Freiburg/Fribourg und ihre ca. 35 000 Einwohner. Schreiben Sie zu jedem Inhaltspunkt zwei Sätze.

– Lage und Größe ____________________ 2 1 0

– Landschaft ____________________ 2 1 0

– schöne Plätze ____________________ 2 1 0

– Besonderheiten ____________________ 2 1 0

– Probleme: Integration der Ausländer ____________________ 2 1 0

Wortschatz

4 Notieren Sie die Nomen mit Artikel.

1. ____________________ 1

2. ____________________ 1

3. ____________________ 1

4. ____________________ 1

5. ____________________ 1

5 Ergänzen Sie die fehlenden Wörter.

Freiburg ist über 800 Jahre alt. Die Stadt hat also eine lange ____________ (1) und das sieht man 1
noch heute: Es gibt eine schöne ____________ (2) mit vielen Häusern aus dem Mittelalter. 1445 leben 1
in Freiburg 5800 Menschen. Heute hat Freiburg etwa 35 000 ____________ (3). Ein Teil spricht 1
Deutsch, aber die ____________ (4) (mehr als 60 %) spricht Französisch. Französisch ist also die 1
wichtigste Sprache. Einige Menschen sprechen beide Sprachen. Sie sind ____________ (5). 1

Grammatik

6 Zwei Gründe, Fremdsprachen zu lernen. Schreiben Sie die Sätze mit „man".

viele Menschen kennen lernen   eine neue Welt entdecken

Mit Fremdsprachen ______________________________ 1

Mit Fremdsprachen ______________________________ 1

7 Verbinden Sie die Sätze mit „und", „aber" oder „denn".

a. Peter ist nach Freiburg gekommen. Freiburg hat eine zweisprachige Universität.

______________________________ 1

b. Am ersten Tag hat Peter am Fluss gesessen. Er hat dem Wasser zugeschaut.

______________________________ 1

c. Am Abend ist er einkaufen gegangen. Er hatte Hunger.

______________________________ 1

d. Peter gefällt die Stadt. Er denkt viel an zu Hause.

______________________________ 1

8 Was erzählt Herr Allenspach? Notieren Sie die Sätze.

„Ich bin in Freiburg geboren.	Herr Allenspach sagt, ______________	1
Ich mag die Stadt.	______________	1
In Freiburg sollen wir mehr miteinander sprechen.	Er findet, ______________	1
In Freiburg müssen wir die Integration der Ausländer verbessern."	______________	1

Sprechen

A Spielen Sie die Situation.

Fragen Sie Ihren Partner / Ihre Partnerin:
- welche Stadt ihm/ihr gefällt
- warum
- Aktivitäten in der Stadt

Ihr Partner / Ihre Partnerin fragt. Antworten Sie.

Sprechen Sie mit Ihrem Partner / Ihrer Partnerin über Sprachen. Sprechen Sie über folgende Punkte:
- Fremdsprachen sprechen
- Sprachen in der Schule/in der Arbeit

B Spielen Sie die Situation.

Ihr Partner / Ihre Partnerin fragt. Antworten Sie.

Fragen Sie Ihren Partner / Ihre Partnerin:
- welche Stadt er/sie gut kennt
- was besonders in der Stadt ist
- Aktivitäten in der Stadt

Sprechen Sie mit Ihrer Partnerin / Ihrem Partner über Sprachen. Sprechen Sie über folgende Punkte:
- Fremdsprachen lernen
- Sprachen in der Familie und mit Freunden

2 1 0
2 1 0
2 1 0

2 1 0
2 1 0

ohne Sprechen

50 sehr gut 46	45 gut 41	40 36	35 31	30 >

mit Sprechen

60 sehr gut 55	54 gut 49	48 43	32 36	36 >

Name ____

Hören

1 Sie hören die Lebensgeschichte von Ursula Schäuble zweimal. Was sagt sie? Kreuzen Sie an. 12

1. Ursula Schäuble ist geboren in
   - a. Rendsburg. ☐
   - b. Hamburg. ☐
   - c. Stuttgart. ☐
2. Sie ist nach Rendsburg gezogen mit
   - a. 6 Jahren. ☐
   - b. 7 Jahren. ☐
   - c. 16 Jahren. ☐
3. In der Schule
   - a. war es schön. ☐
   - b. hat sie schnell Freunde gefunden. ☐
   - c. haben die Kinder über sie gelacht. ☐
4. Ihre Freundin war
   - a. aus England. ☐
   - b. aus Dänemark. ☐
   - c. aus Deutschland. ☐
5. Sie interessierte sich in der Schule für
   - a. Sprachen. ☐
   - b. andere Länder. ☐
   - c. Mathematik. ☐
6. Sie ist ein Jahr in die USA gegangen als sie 1 1
   - a. 16 Jahre war. ☐
   - b. 18 Jahre war. ☐
   - c. 20 Jahre war. ☐
7. Sie hat die Schule in Deutschland 1 1
   - a. 1982 beendet. ☐
   - b. 1983 beendet. ☐
   - c. mit 21 Jahren beendet. ☐
8. Nach der Schule hat sie eine Reise 1 1
   - a. nach Amerika gemacht. ☐
   - b. nach Mittelamerika gemacht. ☐
   - c. nach Südamerika gemacht. ☐
9. Die Reise dauerte 1 1
   - a. 3 Monate. ☐
   - b. 6 Monate. ☐
   - c. 10 Monate. ☐
10. Ihr erstes Baby hat sie 1 1
    - a. 1984 bekommen. ☐
    - b. 1986 bekommen. ☐
    - c. 1987 bekommen. ☐

Lesen

2 Lesen Sie und ordnen Sie die Textteile. Notieren Sie die Lösung.

A	Er wollte reich und berühmt werden. Aber das ist nicht einfach. Zuerst ist er in Bremen zur Schule gegangen.
B	Aber auf der Straße konnte er nicht so schnell fahren. Deshalb hat er sich in einem Autoclub angemeldet.
C	Sein Leben war ganz normal. Mit 16 Jahren hat er die Schule beendet und eine Lehre als Automechaniker angefangen.
D	Er hat gerne die Schule besucht und hatte viele Freunde.
E	Bei dem Fest nach diesem Autorennen hat er Ute kennen gelernt. Heute ist er nicht reich und berühmt, aber verheiratet und glücklich.

F	Sie haben viel zusammen gemacht: Fußball gespielt, mit dem Fahrrad gefahren, Musik gehört.
G	In diesem Club hat er viel trainiert. Er wurde immer besser. Mit 21 ist er sein erstes Autorennen gefahren und hat gewonnen.
H	Johannes Braun ist in Bremen aufgewachsen. Schon als Kind hatte er einen Traum:
I	Diese Ausbildung hat ihm viel Spaß gemacht, denn Autos haben ihm gefallen.
J	Mit 18 Jahren hat er dann das Autofahren gelernt. Er ist gerne und viel gefahren. Er war schnell ein guter Fahrer.

1. ____ 2. ____ 3. ____ 4. ____ 5. ____ 6. ____ 7. ____ 8. ____ 9. ____ 10. ____

1 1 1 1 1
1 1 1 1 1

2

Schreiben

3 Erzählen Sie die Geschichte von Heidi. Schreiben Sie zu jedem Inhaltspunkt zwei Sätze.

Heidi
*1977,
Köln

2 1 0

Traum-
beruf

2 1 0

Lehre
als

2 1 0

Hobby

2 1 0

2003:
Hit-
parade

2 1 0

Wortschatz

4 Ergänzen Sie die fehlenden Wörter.

Albert Einstein ist am 14. März 1879 in Ulm _______________ (1). 1

Er ist in München _______________ (2) und dort auch in die _______________ (3) gegangen. 1 1

Von 1895 bis 1900 hat er an der Technischen Hochschule in Zürich Physik _______________ (4). 1900 hat er 1

sein Studium mit dem Examen _______________ (5) und eine _______________ (6) am Schweizer 1 1

Patentamt gefunden. 5 Jahre später veröffentlichte er seine Relativitätstheorie.

Im Studium hat er seine Frau, die Mathematikerin Mileva Maric _______________ _______________ (7). Sie 1

war die einzige Frau an der Hochschule. Albert Einstein und Mileva Maric haben sich _______________ (8). 1

1903 haben die beiden _______________ (9). Sie hatten zwei Söhne. Aber die Ehe ging nicht gut. 1

1914 haben sich Mileva und Albert Einstein _______________ (10). Albert Einstein war Professor in Berlin 1

und Mileva war mit den Kindern in Zürich.

Grammatik

5 Ergänzen Sie das Verb „werden".

Ich ________ Fotomodell, du ________ reich und berühmt. Und was ________ ihr? 1 1 1

6 Was erzählt Patrick Spycher? Schreiben Sie Nebensätze mit „dass".

a. „Mit 23 Jahren habe ich meine Frau kennen gelernt."

Patrick Spycher erzählt, dass ____________________ 1

b. „Wir haben uns total verliebt."

Er sagt, dass ____________________ 1

c. „Zwei Jahre später haben wir geheiratet."

Er erzählt, dass ____________________ 1

d. „Ich habe jetzt das Glück gefunden."

Er glaubt, dass ____________________ 1

7 Ergänzen Sie den Demonstrativ-Artikel „dieser", „dieses", „diese" oder „diesem".

Andreas studiert Wirtschaft. Er mag _____ (1) Fach. Er studiert an der Universität in Bremen. Er hat 1

_____(2) Universität gewählt, weil sein Freund auch dort studiert. Von ________ (3) Freund kann er 1 1

viele Lehrbücher haben.

Sprechen

A Spielen Sie die Situation.

Machen Sie ein Interview. Fragen Sie Ihren Partner / Ihre Partnerin:
- geboren und aufgewachsen
- Ausbildung (Schule und Beruf)
- Lebenstraum als Kind
- Aktivitäten heute
- Aktivität in 10 Jahren

Ihr Partner / Ihre Partnerin fragt. Antworten Sie.

B Spielen Sie die Situation.

Ihr Partner / Ihre Partnerin fragt. Antworten Sie.

Machen Sie ein Interview. Fragen Sie Ihren Partner / Ihre Partnerin:
- geboren und aufgewachsen 2 1 0
- zur Schule gegangen 2 1 0
- nach der Schule gemacht 2 1 0
- Aktivitäten heute 2 1 0
- Lebenstraum heute 2 1 0

ohne Sprechen

50 sehr gut 46	45 gut 41	40 36	35 31	30 >

mit Sprechen

60 sehr gut 55	54 gut 49	48 43	32 36	36 >

3

Name ____________________

Hören

1 Sie hören 5 kurze Ansagen oder Nachrichten am Telefon. Notieren Sie die Hauptinformation. 13

1. Der Zug kommt ____ Minuten später. 4. Herr Werner soll zu Schalter ___ kommen. 1 1
2. Nina ist um ____ Uhr am Bahnhof. 5. Das Essen kostet _______ Euro. 1 1
3. Die Fahrkarte kostet ____ Euro. 1

2 Auto, Bahn oder Flugzeug? Welches Verkehrsmittel mag die Person? Kreuzen Sie an. 18

1. Andreas Prange	☐	☐	☐	1
2. Nina Gehrke	☐	☐	☐	1
3. Udo Michelsen	☐	☐	☐	1
4. Helga	☐	☐	☐	1
5. Helmut	☐	☐	☐	1

Lesen

3 Mit dem Zug fahren macht Spaß, aber es kostet auch Geld. Alle wollen wenig bezahlen. Welches Angebot passt? Ordnen Sie zu.

1. ____ 2. ____ 3. ____ 4. ____ 5. ____ 2 2 2 2 2

1 Sie machen Ferien an der Nordsee und möchten an einem Mittwoch mit Ihrer Familie mit dem Zug nach Bremen.	**A Junior-Karte** Sie fahren als Familie mit der Junior-Karte noch günstiger, denn für nur CHF 20.– fährt Ihr Kind (6 bis 16 Jahre) ein Jahr lang ohne zu bezahlen durch die Schweiz. Einzige Bedingung: Es wird von einem Elternteil mit gültigem Fahrausweis begleitet.
2 Sie sind 24 Jahre alt, besuchen oft Freunde in der Schweiz und fahren dort viel mit dem Zug.	**B Schönes-Wochenende-Ticket** Preiswert reisen am Wochenende: Fünf Leute. Ein Tag. Für 30,– EUR. Das Schönes-Wochenende-Ticket gilt in allen Nahverkehrszügen samstags oder sonntags von 0 Uhr bis 3 Uhr des Folgetages für beliebig viele Fahrten.
3 Du lebst in der Schweiz, bist 19 Jahre alt und fährst gerne in die Disco nach Zürich, Basel, Bern.	**C Halbtaxabo** Setzen Sie auf die richtige Karte: Wohin Sie auch in der Schweiz fahren, mit dem Halb-Preis-Abo kostet die Reise nur halb so viel. Wir bieten Ihnen das Abo mit unterschiedlicher Gültigkeitsdauer an: 1 Jahr für 150.– , 2 Jahre für 250.– und 3 Jahre für 350.– CHF.
4 Sie studieren in Deutschland und möchten am Wochenende das Land kennen lernen.	**D Gleis 7** Wer unter 25 Jahre alt ist und ein Halbtaxabo besitzt, kann vom supergünstigen Gleis 7 profitieren: Ab 19.00 Uhr bis zum letzten Zug ist man mit allen Zügen und Bussen gratis unterwegs, und das für nur zusätzliche CHF 99.– pro Jahr! Achtung: Das Gleis 7 gibt es nur in Kombination mit dem Halbtax-Abo!
5 Sie leben in der Schweiz und fahren manchmal mit Ihren Kindern mit dem Zug.	**E Niedersachsen-Ticket** Für 22,– Euro fahren bis zu fünf Personen einen Tag durch Niedersachsen, Bremen und Hamburg. Ohne Kilometerbegrenzung! Das Ticket gilt montags bis freitags von 9 bis 3 Uhr des nächsten Tages in den Nahverkehrszügen in der 2. Klasse in Niedersachsen, Bremen und Hamburg.

Schreiben

4 Schreiben Sie den Brief an Christian weiter. Antworten Sie auf seine Fragen und begründen Sie Ihre Antworten.

Nächste Woche fahren wir mit dem Fahrrad in Urlaub: Der Weg ist das Ziel! Und es gibt viele Vorteile: es ist billig, gesund und man trifft andere Menschen. Und du,

- *wo bist du gewesen?*
- *wie bist du gereist?*
- *was hast du im Urlaub gemacht?*
- *was ist dir im Urlaub wichtig?*
- *wo möchtest du deinen nächsten Urlaub machen?*

So viele Fragen!

Viele Grüße
Christian

Lieber Christian,
vielen Dank für deinen Brief! Ja, das sind wirklich viele Fragen. Aber ich will dir gerne von meiner letzten Reise erzählen.

____

____

____

____

____

____

____

____

____

____

____

2 1 0
2 1 0
2 1 0
2 1 0
2 1 0

Wortschatz

5 Welches Wort passt? Markieren Sie.

a. Ich habe nur Dollar, keine Euro. Ich muss zuerst Geld einkaufen – schicken – wechseln. 1
b. Mein Wecker hat nicht geklingelt. Ich habe den Zug eingestiegen – gewechselt – verpasst. 1
c. Super, dass er kommt. Komm, das Flugzeug ist gerade abgeflogen – geflogen – gelandet. 1
d. Es gibt keinen Bus. Du musst am Flughafen ein Auto fahren – holen – mieten. 1
e. Fährt der Zug direkt? – Nein, in Frankfurt müssen Sie einsteigen – umsteigen – wechseln. 1

6 Ergänzen Sie die fehlenden Wörter.

a. „Wo bitte fährt der Zug nach Rostock ab?" – „Nach Rostock? Der fährt auf __________ 4." 1
b. „Ich möchte eine __________________ 1. Klasse Hin- und Rückfahrt nach Heidelberg." 1
c. „Nie ist der Zug pünktlich! Heute hat er schon wieder 20 Minuten __________________." 1
d. „Es gibt hier keine Brücke. Aber du kannst mit der __________ über den Fluss fahren." 1
e. „Ich fahre gerne mit dem Zug. Da kann ich lesen oder im __________________ essen." 1

3

Grammatik

7 Ergänzen Sie die Adjektive im Komparativ.

Dieses Jahr reise ich (viel) ________ (1) als letztes Jahr. Ich reise jetzt auch (oft) __________ (2) mit dem 1 1
Zug, denn die Züge werden immer (modern) ______________ (3) und ich kann im Zug (gut) 1
___________ (4) arbeiten. Aber es ist (teuer) ___________ (5) als mit dem Auto. 1 1

8 Vergleichen Sie U-Bahn und Bus. Schreiben Sie die Sätze.

U von Bachstraße bis Karlsplatz: 5 Minuten — Bus von Bachstraße bis Karlsplatz: 20 Minuten

a. (schnell) Die U-Bahn ist ____ 1

U 1 Fahrt = 1,80 Euro — Bus 1 Fahrt = 1,80 Euro

b. (teuer) Die U-Bahn ist ____ 1

9 Drei Gründe, warum ich mit dem Auto fahre. Ergänzen Sie „weil" oder „denn".

Wir fahren mit dem Auto in Urlaub, ________ (1) es billiger ist. Vom Urlaubsort sehen wir mehr, ________ (2) 1 1
wir überall hin kommen. Aber es hat auch Nachteile, ________ (3) in den Ferien gibt es viele Staus. 1

Sprechen

A Spielen Sie die Situation.

Fragen Sie Ihren Partner / Ihre Partnerin:
- Fahren Sie gerne mit einem Nachtzug?
- Fliegen Sie gern? Warum/Warum nicht?

Ihr Partner / Ihre Partnerin fragt.
Begründen Sie Ihre Antwort.

Sie sind auf dem Flughafen Berlin.
Spielen Sie die Situationen:
- Sie suchen die Toilette.
- Sie suchen den Flughafenbus.
- Sie müssen Geld wechseln.

Ein Tourist / Eine Touristin fragt Sie.
Geben Sie Auskunft.

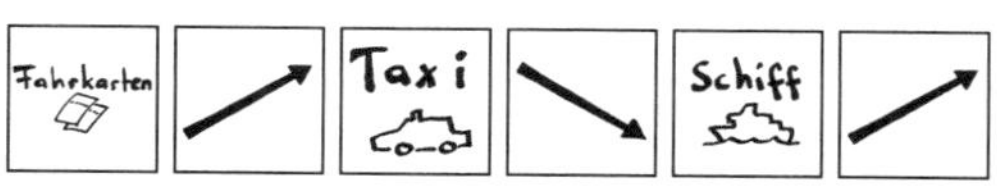

B Spielen Sie die Situation.

Ihr Partner / Ihre Partnerin fragt.
Begründen Sie Ihre Antwort.

Fragen Sie Ihren Partner / Ihre Partnerin:
- Fahren Sie gern weite Distanzen mit dem Auto? Warum/Warum nicht? 2 1 0
- Sitzen Sie gerne im Flugzeug hinten? 2 1 0

Ein Tourist / Eine Touristin fragt Sie.
Geben Sie Auskunft.

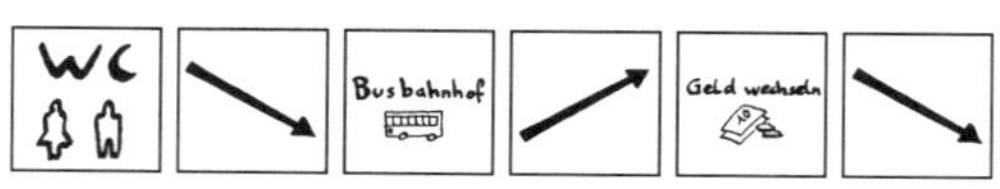

Sie sind im Bahnhof Luzern.
Spielen Sie die Situationen:
- Sie wollen eine Fahrkarte kaufen. 2 1 0
- Sie suchen ein Taxi. 2 1 0
- Sie suchen das Schiff. 2 1 0

ohne Sprechen

50 sehr gut 46	45 gut 41	40 36	35 31	30 >

mit Sprechen

60 sehr gut 55	54 gut 49	48 43	32 36	36 >

Name ____

Hören

1 Was sagt Lena? Kreuzen Sie an. Notieren Sie, was Lena am Mittwochvormittag hat. (CD 19)

1 Lena besucht eine 1 1
- ☐ Ganztagsschule.
- ☐ Gesamtschule.

2 Hausaufgaben macht sie 1 1 1
- ☐ zu Hause.
- ☐ in der Schule.

3 Nach der Schule geht sie 1
- ☐ zum Sport.
- ☐ zum Musikunterricht.

4 Der Unterricht beginnt um 1 1
- ☐ 7.30 Uhr.
- ☐ 8.30 Uhr.

5 Die Schule ist offen ab 1 1
- ☐ 7.00 Uhr.
- ☐ 7.30 Uhr.

6 Lenas Stundenplan:

Mittwoch
Deutsch
Schulradio
Erdkunde
Mittagessen

7 Sie hat
- ☐ eine gute Freundin.
- ☐ viele Freundinnen.

8 Ihr Lieblingsfach ist
- ☐ Mathematik.
- ☐ Biologie.

Lesen

2 Was steht im Text? Richtig oder falsch? Markieren Sie.

Hallo, ich komme aus Russland und mache dieses Jahr ein Praktikum in Deutschland. Hat jemand Erfahrungen? Andris

Ja. Ich war letztes Jahr drei Monate in Berlin: einen Monat Sprachkurs und danach ein Praktikum. Das war ganz gut. Die Schule hat den Praktikumsplatz gefunden. Ich war zwei Monate in einem Hotel an der Rezeption. Ich musste neue Gäste begrüßen, Zimmer verteilen, Rechnungen fertig machen, viele Fragen beantworten und viel telefonieren. Am Anfang war das schrecklich! Die Gäste haben mich gefragt und ich habe die Antwort nicht gewusst. Sie waren nicht immer freundlich. Zum Glück war ich nie alleine. Meine Kollegen waren sehr nett. Sie haben mir geholfen. Viele waren auch nicht aus Deutschland. Wir haben aber immer auf Deutsch gesprochen. Ein Kollege war auch aus Spanien. Mit ihm habe ich Spanisch gesprochen.
Die Kollegen in Deutschland sind anders. Bei uns macht man auch in der Freizeit etwas zusammen, in Deutschland nicht. Ich war oft alleine. Zum Glück waren da noch die anderen aus dem Sprachkurs. Sie haben auch ein Praktikum gemacht. Wir sind dann zusammen ins Kino oder ein Bier trinken gegangen. Ich hoffe, du findest Freunde.
Ich studiere jetzt zu Hause Touristik. Ich will später ein großes Hotel führen. Das Praktikum hat mir geholfen. Ich spreche jetzt auch viel besser Deutsch.
Viel Glück! Carla

	R	F
1. Sie hat einen Sprachkurs besucht.	☐	☐
2. Das Praktikum hat drei Monate gedauert.	☐	☐
3. Das Praktikum hat ihr immer gefallen.	☐	☐
4. Die Gäste waren immer freundlich.	☐	☐
5. Sie war alleine an der Rezeption.	☐	☐

	R	F
6. Die Kollegen waren freundlich.	☐	☐
7. Sie kommt aus Spanien.	☐	☐
8. Die Kollegen waren alle aus Deutschland.	☐	☐
9. Sie hatte viel Kontakt zu den Kollegen.	☐	☐
10. Sie macht eine Ausbildung im Bereich Touristik.	☐	☐

1 1
1
1
1
1
1
1
1 1

Schreiben

3 Schule und Ausbildung. Was haben Sie in Ihrem Leben gemacht? Schreiben Sie einen kurzen Text. Benutzen Sie die fünf Ausdrücke von der Seite.

eine Schule besuchen ____________________ 2 1 0

Unterrichtszeiten pro Tag
Lieblingsfach ____________________ 2 1 0

einen Abschluss machen ____________________ 2 1 0

eine Ausbildung machen ____________________ 2 1 0

arbeiten als ... ____________________ 2 1 0

Wortschatz

4 Ergänzen Sie die fehlenden Substantive zum Thema Schule und Ausbildung.

Andreas Schmid war kein guter ____________ (1). Besonders in Sprachen, 1
in Kunst und Sport hatte er immer schlechte ________ (2). Nur die 1
__________ (3) Biologie und Chemie haben ihn interessiert. Er hat den 1
______________ (4) geschafft, aber sein ____________ (5) war wirklich 1 1
nicht gut. Er hat nicht gewusst, was er machen wollte. Er hat zuerst ein
_____________ (6) in einer Gärtnerei gemacht. Die praktische __________ (7) 1 1
hat ihm Spaß gemacht.
Er hat 2 Jahre eine _________________ (8) als Gärtner gemacht und hat 1
2 Jahre in seinem ________ (9) gearbeitet. Zusammen mit Biologen hat er an einem wissenschaftlichen 1
Projekt gearbeitet. Die Arbeit der Biologen hat ihn sehr interessiert. Er wollte Biologe werden. Nach diesem Projekt hat er an der Universität mit einem ____________ (10) in Biologie begonnen. 1

Grammatik

5 Ergänzen Sie die Endungen.

Eva ist für ein viermonatig___ Praktikum (1) in die französischsprachig___ 1 1
Schweiz (2) gegangen, weil sie gerne in einem ander___ Land (3) leben wollte. Sie 1
hat in einem sehr gut___ Hotel (4) gearbeitet. Mit der neu___ Situation (5) hatte 1 1
sie am Anfang groß___ Probleme (6). Sie konnte die neu___ Kollegen (7) nicht gut 1 1
verstehen. Auch im Hotel war es nicht immer leicht, denn es gab auch unfreund-
lich___ Gäste (8). Aber das Praktikum war eine gut___ (9) Erfahrung. Im nächsten 1 1
Jahr möchte sie ein Praktikum in einem englischsprachig___ Land (10) machen. 1

Sprechen

A Spielen Sie die Situation.

Erzählen Sie Ihrem Partner / Ihrer Partnerin von Ihrem Freund Max.

a. **Stellen Sie Max vor:** 4 3 2 1 0

1989–1999 → Ausbildung bei einer Bank → 10/2002 ....

b. **Erzählen Sie, was Max von Montag bis Freitag macht:**

- 6.35 Uhr → → → 2 1 0
- 7.45 Uhr → 8.00 Uhr → 2 1 0
- 17.00 Uhr → → 23.30 Uhr 2 1 0

B Spielen Sie die Situation.

Erzählen Sie Ihrem Partner / Ihrer Partnerin von Ihrer Freundin Maja.

a. **Stellen Sie Maja vor:**

1983–1996 → 1996–2005 Informatik → 2005 Dr. Maja ...

b. **Erzählen Sie, was Maja von Montag bis Freitag macht:**

- 6.15 Uhr → → 7.00 Uhr
- 10.45 Uhr → →
- 18.30 Uhr → 23.00 Uhr

ohne Sprechen

50 sehr gut 46	45 gut 41	40 36	35 31	30 >

mit Sprechen

60 sehr gut 55	54 gut 49	48 43	32 36	36 >

5

Name ____________________

Hören

1 **Sie hören fünf Dialoge. Was sehen sich die Personen an? Markieren Sie.** 20

1. Was machen die beiden?

2. Was sehen sich die beiden an? 2 2

3. Wo stehen die Touristen im Moment? 2 2

4. Was machen die beiden?

5. Was machen die beiden? 2

Lesen

2 **Sie möchten Berlin entdecken. Wohin gehen Sie? Notieren Sie.**

Entdecken Sie Berlin Mitte

Brandenburger Tor, Unter den Linden, Friedrichstraße: Viel gibt es in Berlin zu sehen. Besuchen Sie das *Brandenburger Tor*. Jeder kennt es von Fotos. Es ist das Symbol für die deutsche Teilung und Wiedervereinigung. Gehen Sie vom Brandenburger Tor die schönste Straße von Berlin, den Boulevard *Unter den Linden* bis zur *Schlossbrücke* entlang. Jedes Haus in dieser Straße erzählt seine Geschichte. Sie kommen zum *Berliner Dom*. Gegenüber sehen Sie die *Museumsinsel* mit ihren klassizistischen Häusern, aber auch den *Palast der Republik* aus der sozialistischen Zeit.

Sie kommen vorbei am Neptunsbrunnen, an der St.-Marien-Kirche und dem majestätischen Roten Rathaus. Von dort geht es in Richtung Osten zum *Alexander Platz*. Hier steht der 365 Meter hohe Fernsehturm. Oben im Turm gibt es ein Café. Hier kann man Berlin von oben sehen. Mit seinen kühlen, einfachen Hochhausbauten war und ist der Alexander Platz das Zentrum Ost-Berlins.

Die elegante Friedrichstraße lädt zum Einkaufen ein. Man geht vorbei an Boutiquen und teuren Kaufhäusern. Nach Süden führt die Friedrichstraße zum ehemaligen Grenzübergang Checkpoint Charlie mit kleinem Museum und nach Norden zur Oranienburger Straße. Hier sieht man die Neue Synagoge. Interessant ist auch das Kulturzentrum Tacheles. Teure und spezielle Geschäfte, schicke Cocktailbars findet man in den Hackeschen Höfen. Im neuen Regierungsviertel trifft man häufig internationale Polit-Prominenz.

1. Sie wollen in ein schickes Kaufhaus.
2. Sie möchten sich eine alte Kirche Berlins ansehen.
3. Sie möchten sich das Zentrum des ehemaligen Ost-Berlins ansehen.
4. Sie möchten die Stadt von oben sehen.
5. Sie wollen sehen, wo Politik gemacht wird.
6. Sie wollen vom Brandenburger Tor aus auf der schönsten Straße von Berlin spazieren gehen.
7. Sie möchten am Abend in einer schicken Bar einen Cocktail trinken.
8. Sie wollen sich ein wichtiges Symbol für Berlin ansehen.
9. Sie möchten sehen, wo früher die Menschen über die Grenze gingen.
10. Sie interessieren sich für klassizistische Architektur.

a. Regierungsviertel
b. Checkpoint Charlie
c. Friedrichstraße
d. Museumsinsel
e. Fernsehturm
f. Hackesche Höfe
g. Brandenburger Tor
h. Unter den Linden
i. St.-Marien-Kirche
j. Alexander Platz

1 1 1 1 1
1. ____ 2. ____ 3. ____ 4. ____ 5. ____ 6. ____ 7. ____ 8. ____ 9. ____ 10. ____ 1 1 1 1 1

Schreiben

3 Antworten Sie auf den Brief. Schreiben Sie zu jedem Inhaltspunkt zwei Sätze.

Ja, der 3. Oktober war schon ein besonderer Tag. Er hat mein Leben verändert. Heute lebe ich in Hannover, habe einen kleinen Laden. Aber ich bin noch oft in Berlin.

Und wie ist das bei dir? Bei dir gab es doch bestimmt auch einen ganz besonderen Tag in deinem Leben. Wann war das? Wo warst du da? Was ist an dem Tag passiert? Was hast du gemacht? Wie hat dieser Tag dein Leben verändert?

___ 2 1 0

___ 2 1 0

___ 2 1 0

___ 2 1 0

___ 2 1 0

Wortschatz

4 Notieren Sie die passenden Nomen mit Artikel.

Bevölkerung • Bürger • Demokratie • Demonstration • Gesellschaft • Gesetz • Krieg • Krise • Monarchie • Parlament • Partei • Präsident/Präsidentin

A ______
eine Versammlung von Menschen im Freien, die öffentlich ihre Meinung zeigen wollen (für oder gegen etwas)

B ______
alle Menschen, die in einem politischen, wirtschaftlichen und sozialen System zusammenleben

C ______ 1 1 1
ein großer, ernster Konflikt, bei dem verschiedene Länder oder Teile eines Landes / Volkes gegeneinander kämpfen.

D ______
erster Mann oder erste Frau eines Staates, einer Organisation oder eines Clubs.

E ______
1 eine Staatsform, in der Bürger die Regierung selber wählen **2** das Prinzip, nach dem die Mehrheit einer Gruppe etwas entscheidet.

F ______ 1 1 1
1 jeder, der die Nationalität eines Landes besitzt **2** ein Einwohner eines Ortes

G ______
schriftlich verfasste offizielle Regeln eines Staates, die alle beachten müssen

H ______
eine schwierige oder gefährliche Situation oder Zeit

I ______ 1 1 1
eine Organisation mit einem politischen Programm

J ______ 1
die (Zahl der) Personen, die in einem Gebiet wohnen

5

Grammatik

5 Ergänzen Sie die Präpositionen und Artikel.

Irene und Jan sind schon seit zwei Tagen ________ Stadt (in – die Stadt) (1). Sie waren schon ________ 1 1
Brandenburger Tor (an – das Brandenburger Tor) (2) und ________ Regierungsviertel (in – das Regierungs- 1
viertel) (3). Heute wollen sie zuerst ________ Sony Center (in – das Sony Center) (4) und am Nachmittag 1
________ (an – die Spree) (5). Am Abend treffen Sie Freunde ________ (in – eine) Bar (6). 1 1

6 Schreiben Sie die Verben im Präteritum.

1. Die Friedrichstraße ________ (sein) um 1920 in der ganzen Welt bekannt. **2.** Es ________ (geben) hier 1 1
viele Cafés, Varietés und Theater. **3.** Nach Berlin ________ (kommen) viele große Künstler. **4.** Sie 1
________ (können) mit anderen Künstlern diskutieren. 1

Sprechen

A Spielen Sie die Situation.

Sie wollen Berlin kennen lernen. Machen Sie Vorschläge und reagieren Sie auf die Vorschläge Ihres Partners / Ihrer Partnerin. Machen Sie ein Programm.

Ihr Vorschlag:
- Pergamon Museum
- Schifffahrt auf der Spree (Fluss durch die Stadt)

Sie mögen die Natur, Museen und Architektur.
Sie mögen keine Einkaufsstraßen.

Erzählen Sie Ihrem Partner / Ihrer Partnerin von einem bekannten Platz in einer/Ihrer Stadt.

- Beschreiben Sie den Platz.
- Warum ist der Platz (früher/heute) berühmt?
- Erklären Sie, welche Bedeutung der Platz für Sie hat.

B Spielen Sie die Situation.

Sie wollen Berlin kennen lernen. Machen Sie Vorschläge und reagieren Sie auf die Vorschläge Ihres Partners / Ihrer Partnerin. Machen Sie ein Programm.

Ihr Vorschlag:
- Potsdamer Platz (moderne Architektur)
- Kudamm (Einkaufsstraße)

Sie mögen Architektur und Natur.
Sie mögen keine Museen.

Erzählen Sie Ihrem Partner / Ihrer Partnerin von einem bekannten Platz in einer/Ihrer Stadt.

- Beschreiben Sie den Platz.
- Warum ist der Platz (früher/heute) berühmt?
- Erklären Sie, welche Bedeutung der Platz für Sie hat.

4 3 2 1 0

2 1 0
2 1 0
2 1 0

ohne Sprechen

50 sehr gut 46	45 gut 41	40 36	35 31	30 >

mit Sprechen

60 sehr gut 55	54 gut 49	48 43	32 36	36 >

Name ____

Hören

1 a) Sie hören ein Gespräch mit Ines, sehen Sie das Bild an und notieren Sie, wer das ist. Den ersten Teil des Gesprächs hören Sie zweimal. 25

b) Sie hören nun das komplette Gespräch. Was sagt Ines? Kreuzen Sie an: Richtig oder falsch? 26

a)

b)

	R	F	
1. Ines sieht Jan selten.	☐	☐	1 1
2. Jan hat eine Schwester.	☐	☐	1 1
3. Ines hat Anna in der Schule kennengelernt.	☐	☐	1 1
4. Anna wohnt noch bei ihren Eltern.	☐	☐	1 1
5. Ines findet Micha nicht interessant.	☐	☐	1 1

Lesen

2 Sehen Sie sich die Grafik an und lesen Sie den Text. Welche Informationen bekommen Sie? Notieren Sie.

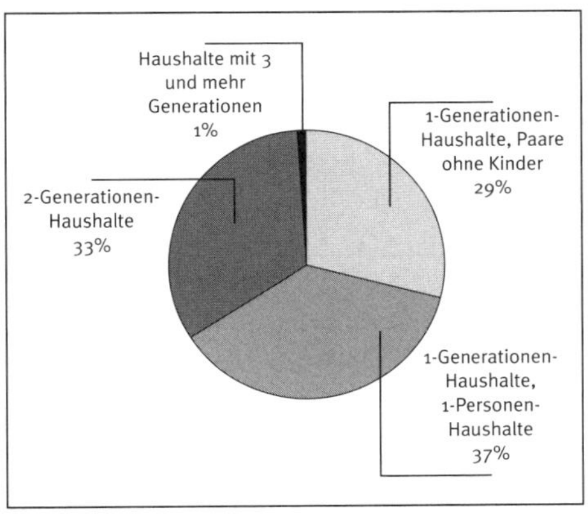

Vater, Mutter, Kinder und Großeltern unter einem Dach

Im Jahre 2000 lebten in 12,6 Mio. Haushalten zwei Generationen. Das ist ein Anteil von 33 Prozent. Mehrgenerationenhaushalte werden in Deutschland fast nur aus Zweigenerationenhaushalten gebildet, das heißt aus Familien mit Eltern und Kind oder Kindern. Weniger als 1 Prozent der Haushalte bestehen aus drei oder mehr Generationen. Nur selten leben also Großeltern, Eltern und Kinder unter einem Dach.

Gut ein Viertel aller Privathaushalte sind Ehepaare mit Kindern, 5,8 Prozent Alleinerziehende und 1,1 Prozent unverheiratete Paare mit Kindern. Der Anteil der Ehepaare mit Kindern an allen Haushalten ist in den vergangenen Jahrzehnten viel kleiner geworden.

auch die Großeltern • keine Kinder • Kinder • Ehepaare mit Kindern
nur Mutter oder Vater • nur eine Person • zwei Generationen

1. In den meisten Haushalten lebt ______________________________. 2
2. In jedem hundertsten Haushalt leben ______________________________. 2
3. In 66 Prozent der Haushalte leben ______________________________. 2
4. Es gibt jedes Jahr weniger ______________________________. 2
5. Bei 5,8 Prozent der Haushalte mit Kindern gibt es ______________________________. 2

6

Schreiben

3 Schreiben Sie von dem Ereignis. Antworten Sie auf die 5 Fragen. Sie können die Wörter im Kasten benutzen.

Was ist das? *Wann war das?*

Was ist passiert? *Warum mag ich das Foto?* *Wo ist das?*

die Meisterschaft • gewinnen
Erster werden • das Turnier • stolz
mitmachen • sein • die Überraschung

– ______________________ 2 1 0

– ______________________ 2 1 0

– ______________________ 2 1 0

– ______________________ 2 1 0

– ______________________ 2 1 0

Wortschatz

4 Notieren Sie die passenden Nomen.

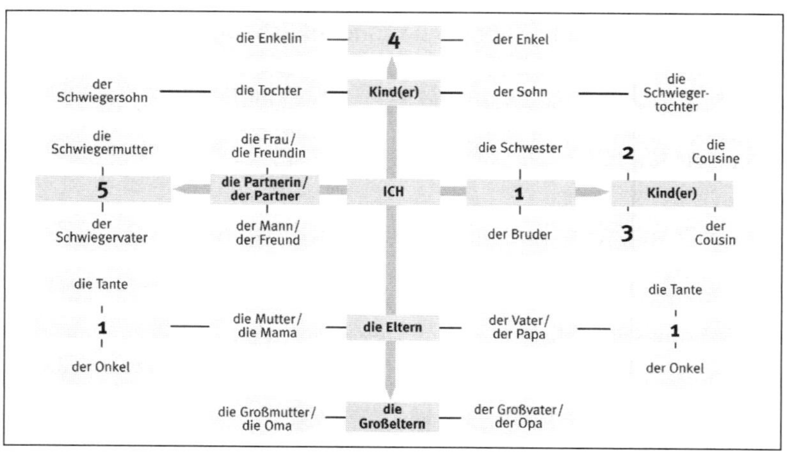

1. ______________________ 1
2. ______________________ 1
3. ______________________ 1
4. ______________________ 1
5. ______________________ 1

5 Ergänzen Sie die fehlenden Wörter.

Als Frank und Luise sich das erste Mal sahen, waren sich beide gleich s__________ (1). 1
Schon bald merkten sie, dass sie sich g__________ (2) hatten. Als Luise s__________ (3) war, 1 1
h__________ (4) sie, denn das Baby sollte in einer richtigen Familie groß werden. Aber die 1
Ehe war nicht glücklich. Sie trennten sich, aber sie blieben gute Freunde und haben noch heute eine gute
B__________ (5). 1

Grammatik

6 Ergänzen Sie „jeder“, „beide“, „viele“ oder „alle“.

In einer Familie müssen __________ (1) mithelfen. ______________ (2) hat seine Aufgabe, vor allem, 1 1

wenn __________ (3) Eltern arbeiten. 1

7 Ergänzen Sie das Pronomen.

Wir sind eine große Familie, aber wir sehen ________ (1) selten. – Helft ihr _______ (2), wenn es Probleme gibt? 1 1

8 Verbinden Sie die Sätze. Machen Sie einen Relativsatz.

Das ist der Onkel. Den Onkel habe ich am liebsten.

____ 1

9 Ergänzen Sie die Relativpronomen.

Heute gibt es nur noch wenige Kinder, ______ (1) mehr als zwei Geschwister haben. Die meisten haben 1

keinen großen Bruder, ______ (2) ihnen bei Problemen hilft, ______(3) man alles fragen kann. Oder eine 1 1

Schwester, ______ (4) da ist, wenn man traurig ist. 1

Sprechen

A Spielen Sie die Situation.

Das ist Ihre Familie:

Stellen Sie Ihrem Partner / Ihrer Partnerin die Familie vor. Erfinden Sie eine Geschichte.
- Wen sieht man auf dem Bild?
- Wie ist die Beziehung zwischen den Personen?

Antworten Sie auf die Frage Ihres Partners / Ihrer Partnerin.

Fragen Sie Ihren Partner / Ihre Partnerin:
- Was ist ein guter Freund, eine gute Freundin?

Diskutieren Sie.

B Spielen Sie die Situation.

Fragen Sie Ihren Partner / Ihre Partnerin.
- Gehören zu einer richtigen Familie viele Kinder und mehrere Generationen?

Diskutieren Sie.

4 3 2 1 0

Das sind Ihre Freunde:

Stellen Sie Ihrem Partner / Ihrer Partnerin die Freunde vor. Erfinden Sie eine Geschichte.
- Wen sieht man auf dem Bild?
- Wie ist die Beziehung zwischen den Personen?

Antworten Sie auf die Frage Ihres Partners / Ihrer Partnerin.

2 1 0
2 1 0
2 1 0

ohne Sprechen

50 sehr gut 46	45 gut 41	40 36	35 31	30 >

mit Sprechen

60 sehr gut 55	54 gut 49	48 43	32 36	36 >

7

Name ______________________________

Hören

1 Sie hören fünf kurze Dialoge. Ordnen Sie die Dialoge den Berufen zu. Notieren Sie die Dialognummer und die Arbeitszeiten der Personen. 27

 Dialog Nr. ______  Dialog Nr. ______  Dialog Nr. ______ 1 1 1

Arbeitszeit: ______________ Arbeitszeit: ______________ Arbeitszeit: ______________ 1 1 1

 Dialog Nr. ______  Dialog Nr. ______ 1 1

Arbeitszeit: ______________ Arbeitszeit: ______________ 1 1

Lesen

2 „Wir über uns" – Welche Firma hilft Ihnen weiter?

A Peters Zweiradhaus
Wir sind ein kleiner Zweiradhandel.
Wir verkaufen nur Markenfahrräder und wenden uns damit an die Kunden, die besonders auf Qualität achten. Wir beraten Sie gern beim Kauf eines neuen Fahrrades.

B HansaNet
Sie brauchen einen professionellen Internetauftritt? Wir helfen Ihnen weiter!
Wir sind eine Werbeagentur, die sich im Bereich Neue Medien und Internet spezialisiert hat.
Wir entwickeln Internet-Lösungen. Im Zentrum steht die persönliche Beratung unserer Kunden.

C Der fliegende Löffel
Sie feiern ein Fest bei sich zu Hause und wollen Zeit haben für Ihre Gäste und nicht in der Küche stehen? Dann sind Sie bei uns richtig!
Egal ob für 2 oder 200 Personen – wir kochen für Sie und übernehmen auch den Service.

D Keller AG
Sie haben ein technisches Problem?
Vom Schlauchwechsel über Reparaturen bis hin zum „Tuning" – die Fahrradmechaniker unseres Werkstattbereiches werden Ihnen sicher helfen!

E Landluft
Die Almtaler Bauern haben mehr zu bieten, als nur eine wunderschöne Landschaft. Bei uns gibt es Spaß, gute Luft und eine schöne Aussicht.
Die Almtaler Bauern sind eine Kooperative von 10 Betrieben, die Urlaub auf dem Bauernhof anbieten. Wir wollen, dass Ihr Urlaub zu einem Erlebnis wird.

F Essart
Keine Zeit zum Kochen? Plötzlicher Besuch? Keine Lust auf Pizza und Hamburger? Wir helfen Ihnen! Mit unserem jungen Team zaubern wir das Besondere: ein Menü der Kochkunst in 40 Minuten bei Ihnen zu Hause. Japanisch, Thailändisch, Indisch oder Französisch.

1. Sie bekommen plötzlich am Abend Besuch und haben nichts zu essen zu Hause. ______ 2
2. Sie möchten Ihre Firma im Internet präsentieren und suchen einen Spezialisten. ______ 2
3. Ihr Fahrrad ist kaputt. Sie suchen jemanden, der es repariert. ______ 2
4. Sie wollen mit Ihren Kindern Ferien auf dem Land machen. ______ 2
5. Ihr altes Fahrrad ist schon wieder kaputt. Sie möchten sich ein neues kaufen. ______ 2

Schreiben

3 Sie sind Chef/Chefin der Firma Rad-Rapid. Es ist nach 17 Uhr, Sie sind noch immer im Büro, denn morgen fahren Sie für eine Woche in Urlaub und Ihre Arbeit muss fertig werden. Ihr Kollege Karsten Wittich muss alle Informationen haben. Gerade waren Sie kurz in einem anderen Raum. Als Sie zurückkommen, haben Sie eine Nachricht auf dem Anrufbeantworter. Sie hören die Nachricht und machen sich Notizen. Schreiben Sie einen Zettel für Karsten. Notieren Sie, was er tun soll. 32

Für Karsten:
Unsere Infobroschüre:
- *Fotos sind nicht gut → neue machen*
- *Fotografen beauftragen: Fotograf: Herr Blank, Tel. 45 48 29*
- *Zwei Fotos von Mona machen:*
  1. Mona mit Fahrrad
  2. Mona gibt ein Paket ab
- *mit Team besprechen + entscheiden*
- *Agentur Schulz informieren*

2 1 0
2 1 0
2 1 0
2 1 0
2 1 0

Wortschatz

4 Ergänzen Sie das passende Substantiv.

Auftrag • Betrieb • Empfänger • Firma • Kantine • Kunde • Pause • Sitzung

Seit ein paar Wochen arbeite ich in einer neuen __________ (1). Am Vormittag bin ich meistens unterwegs. 1
Meine Aufgabe ist, die __________ (2) zu besuchen, mit ihnen zu sprechen und sie zu beraten. Mittags 1
mache ich 40 Minuten __________ (3). Dann esse ich immer in der __________ (4). Das geht schnell 1 1
und das Essen ist billig. Am Nachmittag habe ich oft eine __________ (5) mit den Kollegen. Dort 1
besprechen wir die neuen Aufträge.

5 Welchen Beruf haben die Personen? Notieren Sie.

__________ __________ __________ __________ __________ 1 1 1 1 1

7

Grammatik

6 Ergänzen Sie das Substantiv.

Mona hat ein neues Fahrrad. Das (neu) ________ (1) ist leicht und schnell, aber das (alt) ________ (2) hat ihr besser gefallen. 1 1

7 Ergänzen Sie die Possessiv-Artikel.

Als Mona Coppi zusammen mit Eva und Tom als Fahrradkurier angefangen hat, hat ihre Chefin gesagt:
„Wenn etwas kaputt ist, könnt ihr zu Peter Teufel gehen. Peter repariert euch ________ (1) Fahrrad dann 1
in____________ (2) Werkstatt ." Gestern morgen hatte Mona einen Unfall. ______(3) Fahrrad war kaputt. 1 1
Sie hat es sofort zu Peter in die Werkstatt gebracht. Aber sie brauchte ein Fahrrad. Peter hat ihr deshalb
gestern ________ (4) Fahrrad gegeben. Nun bringt sie es ihm zurück. „Peter, ist ________ (5) Fahrrad 1 1
fertig?", fragt Mona. „Ja. Es ist alles wieder in Ordnung. Du kannst es mitnehmen."

8 Ergänzen Sie die Artikelwörter „ein-" oder „kein-".

Hast du eine Zigarette? – Nein, ich habe __________ mehr. 1

Der Kopierer ist kaputt. Wir brauchen einen Techniker. – Ich habe angerufen. Es kommt _________. 1

Haben wir nun alle Briefe? – Hoffentlich haben wir ____________ vergessen? 1

Sprechen

A Spielen Sie die Situation.

Sie arbeiten im Büro von einem Kurierdienst. Geben Sie den folgenden Auftrag:
- Absender: Agentur Lichtblick
  Seeweg 11, Tel.: 459 30 59
- Gegenstand: 1 Paket
  Abholzeit: 17.15 Uhr

Ihr Partner / Ihre Partnerin fragt nach. Antworten Sie. Weitere Informationen:

Markt AG, Schlossstraße 8,
Empfänger bezahlt

Sie arbeiten als Friseur/Friseurin. Erzählen Sie von zwei typischen Aktivitäten. Erklären Sie, wie sie das machen und was dabei wichtig ist.

B Spielen Sie die Situation.

Sie arbeiten als Fahrradkurier. Sie bekommen einen Auftrag. Sie verstehen nicht alles und es fehlen Informationen. Fragen Sie nach.
- Absender: buchstabieren?
  Telefonnummer? 3 2 1 0

- Empfänger?
  Bezahlung: Wer? 3 2 1 0

Sie arbeiten als Sekretär/Sekretärin. Erzählen Sie von zwei typischen Aktivitäten. Erklären Sie, wie sie das machen und was dabei wichtig ist. 2 1 0 / 2 1 0

ohne Sprechen

50 sehr gut 46	45 gut 41	40 36	35 31	30 >

mit Sprechen

60 sehr gut 55	54 gut 49	48 43	32 36	36 >

Name ______________________________

Hören

1 **Sie hören drei Interviews am Flughafen Frankfurt. Hören, notieren und markieren Sie.** 33

	Interview 1	Interview 2	Interview 3	
Reiseziel:	____________	____________	____________	1 1 1
Erwartungen:	☐ ängstlich	☐ ängstlich	☐ ängstlich	1 1
	☐ glücklich	☐ glücklich	☐ glücklich	1 1
	☐ neugierig	☐ neugierig	☐ neugierig	1
	☐ unsicher	☐ unsicher	☐ unsicher	1
	☐ traurig	☐ traurig	☐ traurig	1

Lesen

2 **Lesen Sie den Text und beantworten Sie die Fragen.**

In der Fremde und doch zu Hause

Mi-Young Park ist Koreanerin und lebt seit einigen Jahren in Deutschland. Wir haben sie interviewt.

Wie sind Sie nach Deutschland gekommen?
Ich bin schon im Alter von zwölf Jahren nach Deutschland gekommen. Meine Tante arbeitet hier in Münster als Krankenschwester und ist mit einem Deutschen verheiratet. Sie machte den Vorschlag, dass ich bei ihr in Deutschland leben sollte. Ich wusste nichts über Deutschland, ich dachte, dass Deutschland in der Nähe der USA liegt und war total neugierig. Für meine Eltern war eine gute Ausbildung wichtig.

Was wussten Sie von Deutschland?
Ich war noch ganz klein, als ich nach Deutschland kam. Zuerst war alles komisch. Keine Berge, nur flaches Land. Ich habe gedacht, wo bin ich denn jetzt? Keine Hochhäuser, nur Felder! Ich habe ja vorher in Seoul gewohnt, mit damals acht Millionen Einwohnern. Und mir hatte man gesagt, in Deutschland ist alles größer. Was ich anfangs sehr komisch gefunden habe, war, dass die Nachbarinnen im Bikini im Garten herumliefen. Das fand ich nicht gut, so wenig bekleidet zu sein. Das gab es in Korea nicht. Meine Tante erzählte, dass es normal ist, weil es in Deutschland nicht viel Sonne gibt, da geht man sich sonnen.

Wie waren die Kontakte zu Deutschen? Gab es auch negative Erlebnisse?
Schlimm war es einmal, als ich mein Visum verlängern musste. Die waren dort wirklich unfreundlich. Dabei hatte ich schon den Vorteil, dass ich Deutsch konnte. Von ausländischen Studenten, die erst kurz hier waren, habe ich gehört, dass man sie sehr schlecht behandelt hat. Darüber habe ich mich sehr geärgert.

Welche Tipps können Sie anderen geben, wenn sie neu nach Deutschland kommen?
Mir sind drei Grundregeln aufgefallen: pünktlich sein, vor einem Besuch anrufen und bei offiziellen Telefonaten möglichst sofort sagen, was wichtig ist. Mein Tipp ist: Wenn man sehr freundlich ist, darf man am Telefon noch eine Frage mehr stellen.

	R	F
1. Sie ist in Deutschland aufgewachsen.	☐	☐
2. Ihre Eltern arbeiten in Deutschland.	☐	☐
3. Ihr Mann ist Deutscher.	☐	☐
4. Sie hat gedacht, in Deutschland gibt es keine Berge.	☐	☐
5. Sie hat gedacht, in Deutschland gibt es mehr Hochhäuser.	☐	☐

	R	F	
6. Sie kommt aus Seoul.	☐	☐	1
7. Es gefällt ihr, dass die Deutschen im Bikini in der Sonne liegen.	☐	☐	1 / 1 1
8. Man kann nicht einfach Freunde besuchen.	☐	☐	1 / 1
9. Man soll in Deutschland am Telefon direkt sagen, was man will.	☐	☐	1 / 1
10. Wer sehr freundlich ist, kommt weiter.	☐	☐	1 / 1

8

Schreiben

3 Sie waren im letzten Jahr für drei Monate in Zürich, in der Schweiz. Erzählen Sie Ihrem Freund Andreas von Ihren Erfahrungen und Gefühlen. Benutzen Sie die Informationen im Kasten.

Vor der Reise:
- Was wussten Sie von Zürich?
- Wie waren Sie vorbereitet?

In Zürich: Erfahrungen / Probleme
- Dialekt
- schwer Kontakt zu bekommen
- andere aus meinem Land getroffen
- alles ist teuer / wenig Geld
- keine Arbeit, keine Arbeitserlaubnis

Gefühle:
- Freude und Neugier / allein / ängstlich

Lieber Andreas,

________________________________ 3 2 1 0

________________________________ 4 3 2 1 0

________________________________ 3 2 1 0

Wortschatz

4 Ergänzen Sie die fehlenden Wörter.

a. Was ist Schlimmes passiert? Warum bist du so t__________? 1

b. Du musst keine Angst haben. Dir passiert nichts. Bleib r________! 1

c. Beruhige dich! Große Jungen w________ nicht! 1

d. Jetzt ist alles wieder okay! Da bin ich aber f______! 1

e. Als ich die Papiere für meine Reise bekam, war ich wirklich g__________. Endlich konnte ich fahren! 1

f. Am Anfang war ich sehr n____________ auf das fremde Land. Ich wollte alles wissen. 1

g. Als ich an der Grenze war, wurde ich n________. Ich konnte mich gar nicht konzentrieren. 1

5 Was passt nicht? Markieren Sie.

die Erlaubnis	der Antrag	das Amt
die Genehmigung	der Ausweis	die Behörde
die Bestätigung	das Dokument	die Botschaft
das Visum	die Papiere	das Konsulat
die Frist	der Pass	der Stempel

1 1 1

Grammatik

6 Ergänzen Sie die Präpositionen.

Nächste Woche kommt unsere neue Gastschülerin Kristina aus Litauen. Sie wird ein Jahr in unserer Familie
leben. Wir freuen uns sehr _____ (1) ihren Besuch. Sie hat uns geschrieben und wir haben _____ (2) ihr 1 1
telefoniert. Ich denke, sie passt gut _____ (3) uns. Sie hat in ihren Briefen ein wenig _____ (4) ihren Erwartungen erzählt. 1 1
Die ersten Wochen werden wohl nicht so leicht. Sie wird sicher viel _____ (5) ihre Familie in 1
Litauen denken. Aber ich bin sicher, dass sie sich wohl fühlt bei uns.

7 Nebensätze: Ergänzen Sie „wenn“, „als“, „bis“ oder „seit“.

Eine Familie, das ist eine kleine Gruppe von Menschen, die verwandt sind. Sie sehen sich, _______ (1) es 1
ein Fest gibt. Aber jeder lebt sein Leben. So dachte ich, _______ (2) ich Antonio kennen lernte. Antonio 1
kommt aus Kamerun, aus einer sehr großen Familie. _______ (3) wir das erste Mal zusammen bei seiner 1
Familie waren, fühlte ich mich fremd. Vieles war neu für mich. Ich habe beobachtet und viele Fragen
gestellt. _______ (4) ich das erste Mal Antonios Familie besucht habe, habe ich meine Meinung geändert. 1
_______ (5) wir heute in Kamerun sind, bin ich glücklich über die große Familie. 1

Sprechen

A Spielen Sie die Situation.

Erzählen Sie Ihrem Partner / Ihrer Partnerin von Ihren Plänen und Ihren Gefühlen:
- Pläne: Sie gehen für 3 Monate nach Deutschland; sie haben ein Zimmer, aber Sie kennen niemanden; Gefühle: Freude, neugierig, unsicher

Fragen Sie um Rat:
- Problem: Ich verstehe die Leute nicht.

Fragen Sie nach!

Ihr Partner / Ihre Partnerin erzählt und fragt Sie um Rat. Geben Sie Ratschläge:
- Rat: Sportclub, Chor, Fragen stellen, gleiche Orte wählen

B Spielen Sie die Situation.

Erzählen Sie Ihrem Partner / Ihrer Partnerin von Ihren Erfahrungen und Ihren Gefühlen:
- Erfahrung: Ihr erstes Mal in einem fremden Land, in dem Sie die Landessprache nicht können; Gefühle: Angst, nervös, unsicher. 3 2 1 0

Fragen Sie um Rat:
- Problem: Ich bin allein und möchte Leute kennen lernen. 3 2 1 0

Fragen Sie nach! 1 0

Ihr Partner / Ihre Partnerin erzählt und fragt sie um Rat. Geben Sie Ratschläge:
- Rat: nachfragen (Geben Sie Beispiele für Fragen) 3 2 1 0

ohne Sprechen

50 sehr gut 46	45 gut 41	40 36	35 31	30 >

mit Sprechen

60 sehr gut 55	54 gut 49	48 43	32 36	36 >

9

Name ______________________________

Hören

1 Hören Sie den Dialog, lesen Sie die Aufgaben und kreuzen Sie die richtige Lösung an. 36

1. Der Mann möchte von seiner Combox
   - a. Nachrichten abhören ☐
   - b. Faxe abfragen ☐
   - c. die Einstellungen ändern ☐
2. Der Mann telefoniert
   - a. mit seinem eigenen Handy ☐
   - b. von zu Hause ☐
   - c. von unterwegs ☐
3. Er muss zuerst 2
   - a. 0041 wählen ☐
   - b. 0049 wählen ☐
   - c. 86 wählen ☐
4. Während der Begrüßung muss er 2
   - a. [*] drücken. ☐ 2
   - b. [0] drücken. ☐
   - c. [#] drücken. ☐
5. Wenn er sein Passwort eingegeben hat, 2
   muss er 2
   - a. [*] drücken. ☐
   - b. [0] drücken. ☐
   - c. [#] drücken. ☐

Lesen

2 Sie gehen ein Jahr ins Ausland und wollen in Kontakt mit Ihren Freunden bleiben, haben aber nicht die Zeit, allen zu schreiben. Ihre Freundin macht Ihnen einen Vorschlag. Was sollen Sie tun? Lesen Sie den Text und lösen Sie die Aufgaben.

Hallo Globetrotter!
Hast du schon von Weblogs gehört? Das ist eine persönliche Webseite, ein elektronisches Tagebuch im Internet. Du kannst dein Weblog von überall in der Welt ergänzen. Du schreibst deine Texte und kannst deine Fotos im Internet zeigen. Deine Leser können direkt Kommentare dazu schreiben. Das Besondere ist, dass die neuste Nachricht immer auf der ersten Seite steht. Wenn du jetzt ein Jahr im Ausland bist, ist das doch eine tolle Sache. Deine Freunde können dich begleiten.
Wie das geht? Nun, das ist ganz einfach: Du meldest dich bei www.blogger.com oder bei www.twoday.com an. Ein Weblog kostet nichts. Wenn du aber möchtest, dass nicht jeder Internetnutzer dein Weblog liest, dann kostet es etwas. Also, es sind drei Schritte zu einem Blog. Zuerst eröffnest du ein Konto. Dafür gibt es ein Formular im Internet. Du wählst einen Nutzernamen. Mit dem meldest du dich später an. Den Nutzernamen kennst nur du. Dann wählst du ein Passwort und einen Blog-Namen. Das ist dein Name im Blog. Diesen Namen können alle im Internet sehen. Du schickst das Formular ab. Jetzt hast du ein Konto. Dann musst du deinen Blog einrichten. Wie soll dein Weblog heißen? Du kannst ihm zum Beispiel den Namen *Ich-auf-Reisen* geben. Das ist dann die Adresse: http://ich-auf-reisen.blogspot.com. Im dritten Schritt entscheidest du, wie dein Weblog aussehen soll: Welche Schrift, welche Farben? Das Programm bietet dir verschiedene Vorlagen an. Du wählst eine aus und fertig. Wenn du möchtest, kann ich dir nächste Woche helfen. Was meinst du zu meinem Vorschlag?
Deine Sarah

	R	F
1. Ein Weblog ist ein Tagebuch auf dem Internet.	☐	☐
2. Man kann auch Fotos im Weblog ablegen.	☐	☐
3. In einem Weblog kann nur der Autor/die Autorin etwas schreiben.	☐	☐
4. Für ein Weblog muss man nie zahlen.	☐	☐
5. Alle Internetnutzer können alle Weblogs lesen.	☐	☐

	R	F	
6. Ein Weblog-Konto eröffnest du mit einem Formular.	☐	☐	1 1
7. Den Nutzernamen können alle sehen.	☐	☐	1 1
8. Dein Name im Blog ist *Ich auf Reisen*.	☐	☐	1 1
9. Der Name von deinem Weblog ist auch Teil von der Adresse.	☐	☐	1 1
10. In einem dritten Schritt wählst du, wie der Weblog aussehen soll.	☐	☐	1 1

Schreiben

3 Antworten Sie auf diesen Brief. Erklären Sie, wie man eine E-Mail verschickt und wie man eine Datei mit der E-Mail verschickt.

Lieber Enkel,
Jetzt habe ich auch einen Computer und kann das Internet benutzen. Stefan hat mir alles eingerichtet. Ich habe jetzt auch ein eigenes E-Mail-Konto! Ich bin ganz stolz! Meine Adresse: super.oma@t-online.de. Er hat mir alles erklärt, aber ich habe einiges vergessen und ich mag ihn nicht noch einmal fragen. Ich kann mein E-Mail-Konto öffnen. Was muss ich dann machen? Wie schicke ich eine E-Mail und wie schicke ich ein Foto mit der E-Mail? Kannst du mir helfen?
Dann schicke ich dir bald eine Mail.

Deine Superoma

E-Mail: Neu → Adresse → Betreff/Thema → senden
Datei anhängen: 📎 = Menü öffnet sich → Durchsuchen → Verzeichnis, wo die Datei ist, z.B. C: → „einfügen" → warten → schließen → E-Mail schreiben → senden (Anrede und Grußformel)

Liebe Oma,

____

______________________________________ 4 3 2 1 0

____

______________________________________ 4 3 2 1 0

____

____

____

______________________________________ 2 1 0

____

____

Wortschatz

4 Ergänzen Sie die fehlenden Verben.

„Kannst du mir ____________ (1)? Ich habe einen neuen Drucker und muss ihn installieren." – „Das ist 1
ganz einfach. Zuerst ______________ (2) du den Computer, dann musst du die CD mit dem Programm 1
______________ (3). Das Installationsprogramm, läuft automatisch. Wenn dich das Programm etwas 1
fragt, dann ____________ (4) du immer „okay" oder „ja" oder was das Programm vorschlägt. Wenn das 1
Programm fertig ist, steckst du das USB-Kabel vom Drucker ein. Das ist alles. Dann kannst du deinen
Computer wieder ________________ (5) oder weiterarbeiten." 1

5 Wie heißt das? Notieren Sie den Namen mit Artikel.

____________ ____________ ____________ ____________ ____________ 1 1 1 1 1

9

Grammatik

6 Verbinden Sie die Sätze.

a. Angela ist viel unterwegs. Sie hat sich ein Handy gekauft. (deshalb)

____ 1

b. Sie braucht das Handy. Man kann sie überall erreichen. (damit)

____ 1

7 Ergänzen Sie „deshalb“, „damit“ oder „weil“.

Handys sind praktisch. Kinder wollen sie haben, ______ (1) sie modern sind. Sie brauchen sie, ________ (2) 1 1
sie SMS schicken können. Eltern geben ihren Kindern ein Handy, ________ (3) sie immer wissen, wo sie 1
sind. Aber Kinder telefonieren oft zu lange, __________ (4) kaufen die Eltern für die Kinder Karten-Handys. 1

8 Schreiben Sie die Sätze mit „es“.

a. Um 17 Uhr kann ich nicht. ____________________________(um 18 Uhr / gehen?) 1

b. Meine Mailbox ist voll. ____________________________(zu viele Mails / kommen) 1

9 Ergänzen Sie das Verb „sollen“.

1. Sag ihm, er _______ mich anrufen. 2. Ihr _________ eure Handys ausschalten. 1 1

Sprechen

A

Spielen Sie die Situation.
Sie möchten mit Ihrem Partner / Ihrer Partnerin in den nächsten Tagen ins Kino. Finden Sie einen Termin.

Mi	*9.00 Gespräch Chef, 15.00 Besprechung*
Do	*8.30 – 10.00 Konferenz, 19.00 Joggen*
Fr	*13.00 Dr. Timmermann*
Sa	*11.00 Schwimmen*

Erzählen Sie Ihrem Partner / Ihrer Partnerin wie, wofür und wie oft Sie das Internet nutzen.

Bitten Sie Ihren Partner / Ihre Partnerin um Hilfe. Wählen Sie eine der folgenden Situationen:

- Sie wollen die Fotos vom digitalen Fotoapparat auf den PC laden.
- Sie wollen eine Tondatei aus dem Internet laden.
- Sie wollen eine zweiseitige Fotokopie machen.

B

Spielen Sie die Situation.
Sie möchten mit Ihrem Partner / Ihrer Partnerin in den nächsten Tagen Tennis spielen. Finden Sie einen Termin.

Mi	*9.00 – 16.00 Media AG, 20.00 Andrea*
Do	*9.00 – 11.00 Konferenz, 15.00 Zahnarzt*
Fr	*14.00 – 16.00 Besprechung Projekt*
Sa	*Besuch Familie!*

Erzählen Sie Ihrem Partner / Ihrer Partnerin wie, wofür und wie oft Sie das Radio nutzen.

Bitten Sie Ihren Partner / Ihre Partnerin um Hilfe. Wählen Sie eine der folgenden Situationen:

- Sie wollen die neue digitalen Videokamera benutzen.
- Sie wollen ein Foto aus dem Internet kopieren.
- Sie wollen mit der Kaffeemaschine Kaffee kochen.

Bewertung: 4 3 2 1 0 / 3 2 1 0 / 3 2 1 0

ohne Sprechen

50 sehr gut 46	45 gut 41	40 36	35 31	30 >

mit Sprechen

60 sehr gut 55	54 gut 49	48 43	32 36	36 >

Name ______________________________

Hören

1 Hören Sie die Kurzinterviews. Was sagen die Personen? Kreuzen Sie an. 37

Heimat ist	Dialog 1	Dialog 2	Dialog 3	Dialog 4	Dialog 5	
– wo meine Freunde sind	☐	☐	☐	☐	☐	1
– wo ich meine Kindheit verbracht habe	☐	☐	☐	☐	☐	1 1
– typisches Essen	☐	☐	☐	☐	☐	1
– ein Gefühl	☐	☐	☐	☐	☐	1
– etwas, das mich nicht interessiert	☐	☐	☐	☐	☐	1
Heimweh kenne ich.	☐	☐	☐	☐	☐	1 1 1
Heimweh kenne ich nicht.	☐	☐	☐	☐	☐	1

Lesen

2 Lesen Sie die Situationen 1.–5. Welche Anzeige passt? Notieren Sie.

Situation	1	2	3	4	5	
Anzeige	____	____	____	____	____	2 2 2 2 2

1. Sie machen im Juni Urlaub in Deutschland und interessieren sich für bayrische Volksmusik.
2. Sie möchten gerne Berlin kennen lernen, suchen dort für Juli/August einen Job und fahren gerne Rad.
3. Sie sprechen perfekt Englisch und möchten gerne neben Ihrem Studium etwas Geld verdienen.
4. Sie sind Student und haben am Monatsende immer Geldprobleme. Sie suchen nur für das Monatsende einen Nebenjob für einige Stunden.
5. Sie suchen eine Arbeit am Wochenende.

A Heimatabend mit dem Finkenwerder Shanty Chor. Jeden Samstag in der Fischerhalle. Eintritt: 6 Euro

F Hilfe! Wer spricht mit mir 2x in der Woche 2 Stunden auf Englisch und korrigiert mich? Tel: 01 40 58 68

B Fahrrad-Kurier-Dienst sucht Fahrer, der sich gut in der Stadt auskennt. Rad-Rapid Berlin Tel.: 01 23 44 76

G Wir suchen für unseren Umzugsdienst einen Möbelpacker, der am Ende des Monats helfen kann. Tel: 01 24 85 83

C „Oktoberfest" im Juni im Gasthof zur Eiche. Am Wochenende mit bayrischer Live-Musik und Tanzgruppen. Zugspitzweg 3

H Haben Sie Auto und Führerschein? Wir suchen einen zuverlässigen Fahrer (100%) für Kurierdienste. Tel.: 01 46 69 29

D Typisches bayrisches Restaurant sucht Küchenhilfe 100%. Wohnung im Haus. Tel.: 01 45 39 48

I Bedienung in Spezialitätenrestaurant mit internationalem Publikum für Samstag/ Sonntag gesucht. Tel.: 01 48 39 48

E Studenten als Aushilfsfahrer für die Sommermonate von Fahrrad-Kurierdienst gesucht. Tel: 01 24 84 94

J Nach München aufs Oktoberfest? Reservieren Sie schon jetzt Ihre Busreise für nur 20 Euro! Tel.: 01 59 34 32

10

Schreiben

3 Im Internet finden Sie den folgenden Fragebogen. Antworten Sie auf die fünf Fragen.

Aus welchem Land kommen Sie?

____

In welchem Land leben Sie im Moment?

____

Haben Sie einmal für längere Zeit im Ausland gelebt? ☐ ja ☐ nein

Wenn ja, wo und wie lange? ______________

Was ist für Sie „Heimat"?

____

____

____

____

Sie wollen Ihrem deutschen Freund / Ihrer deutschen Freundin ein typisches Foto aus Ihrem Land schicken. Was zeigt das Foto? Beschreiben Sie.

____

____

____

____

____

____

____

____

____

3 2 1 0

3 2 1 0

4 3 2 1 0

Wortschatz

4 Ergänzen Sie die fehlenden Wörter.

Ich bin am Meer a______________ (1). Heute lebe ich in den Bergen. Die L______________ (2) 1 1
hier mit den Bergen ist sehr schön, die Menschen sind freundlich und ich fühle mich hier w________ (3), 1
aber ich habe oft H__________ (4) nach dem Meer und bin traurig. Das Wasser fehlt mir einfach sehr. 1
Es b__________ (5) mir sehr viel. Im Urlaub fahre ich immer irgendwo ans Meer. 1

5 Ergänzen Sie die fehlenden Wörter.

München, den 20. Februar

Lieber Felix,

ich bin so glücklich! Endlich habe ich eine neue Wohnung gefunden! In vier Monaten, am 28. Juni, kann
ich __________ (1). Den __________ (2) habe ich gestern unterschrieben. Jetzt ist alles perfekt 1 1
und ich kann endlich meine alte Wohnung __________ (3). Und die neue Wohnung ist sogar 1
billiger: Ich zahle nur 370 Euro ________ (4) pro Monat. Es ist eine 2,5 Zimmer-Wohnung. Ich brauche 1
nichts Neues kaufen, weil die Wohnung __________ (5) ist. Im Wohnzimmer steht ein rotes Sofa. 1
Die Möbel in der ganzen Wohnung sind wirklich schön. Ich freue mich sehr!

Herzliche Grüße
Susanne

Grammatik

6 Lesen Sie den Text. Ergänzen Sie rechts die Personalpronomen und Possessiv-Artikel.

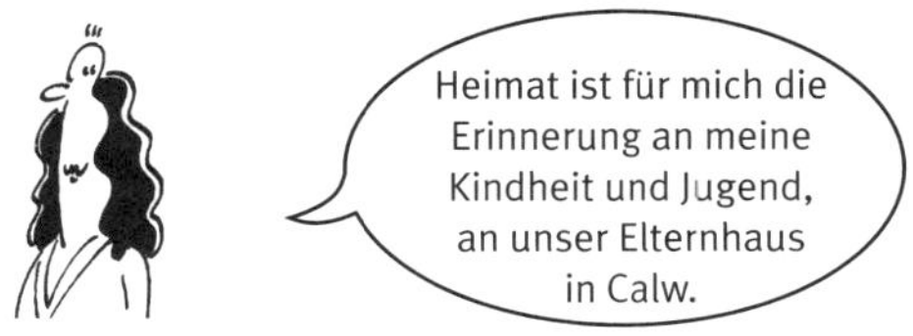

Frau Schäuble erzählt, Heimat ist für ________ (1) 1
die Erinnerung an ________ (2) Kindheit und 1
Jugend, an ________ (3) Elternhaus in Calw. 1

Herr Lührsen sagt, dass ________ (4) Heimat das 1
Meer ist. Ohne das Wasser könnte ______(5) 1
nicht leben.

7 Ergänzen Sie das passende Indefinitpronomen: „jemand", „niemand", „etwas", „nichts" oder „alles".

Meine ersten Wochen in Deutschland waren nicht leicht. Ich war ganz allein. ____________ (1) war da, mit 1
dem ich reden konnte. Die Landschaft, das Essen, __________ (2) war wie zu Hause, __________ (3) war 1 1
neu für mich. ___________ (4) hat mir dann gesagt, dass ich selber __________ (5) tun muss, um neue 1 1
Freunde zu finden.

Sprechen

A Spielen Sie die Situation.

Sie gehen auf eine lange Reise. Welche drei Dinge nehmen Sie als Erinnerung mit? Notieren Sie: 1 0

1. ______________________
2. ______________________
3. ______________________

- **Fragen Sie Ihren Partner / Ihre Partnerin, was er/sie mitnimmt?** 4 3 2 1 0
- **Wählen Sie ein Ding von Ihrem Partner / Ihrer Partnerin aus. Was denken Sie, warum er/sie das ausgewählt hat? Sagen Sie Ihre Vermutung.** 1 0
- **Fragen Sie bei den zwei anderen Dingen, warum?**

- **Ihr Partner / Ihre Partnerin fragt. Antworten Sie auf die Fragen.** 4 3 2 1 0

B Spielen Sie die Situation.

Sie gehen auf eine lange Reise. Welche drei Dinge nehmen Sie als Erinnerung mit? Notieren Sie:

1. ______________________
2. ______________________
3. ______________________

- **Fragen Sie Ihren Partner / Ihre Partnerin, was er/sie mitnimmt?**
- **Wählen Sie ein Ding von Ihrem Partner / Ihrer Partnerin aus. Was denken Sie, warum er/sie das ausgewählt hat? Sagen Sie Ihre Vermutung.**
- **Fragen Sie bei den zwei anderen Dingen, warum?**

- **Ihr Partner / Ihre Partnerin fragt. Antworten Sie auf die Fragen.**

ohne Sprechen

50 sehr gut 46	45 gut 41	40 36	35 31	30 >

mit Sprechen

60 sehr gut 55	54 gut 49	48 43	32 36	36 >

11

Name ______________________________

Hören

1 Hören Sie den Dialog und notieren Sie die Informationen. 42

a. Wen heiratet Nina? ______________ 1

b. Wie lange sind Nina und ihr zukünftiger Ehemann schon zusammen? ______________ 1

c. Wann ist die Hochzeit? ______________ 1

d. Wo ist das Fest? ______________ 1

e. Gehen die beiden zur Hochzeit? ______________ 1

2 Sie hören 5 Personen. Wie sprechen die Personen? Höflich oder unhöflich? Markieren Sie. 43

Person 1	Person 2	Person 3	Person 4	Person 5	
☐ höflich	☐ höflich	☐ höflich	☐ höflich	☐ höflich	1 1
☐ unhöflich	☐ unhöflich	☐ unhöflich	☐ unhöflich	☐ unhöflich	1 1 1

Lesen

3 Lesen Sie die beiden Texte. Notieren Sie die Informationen.

Nationalfeiertage

Seit 1990 wird der „Tag der Deutschen Einheit" am 3. Oktober gefeiert. An diesem Tag gedenkt Deutschland der Wiedervereinigung. Davor gab es zwei deutsche Staaten: im Osten die DDR (Deutsche Demokratische Republik) und im Westen die BRD (Bundesrepublik Deutschland). Von 1949 an war Deutschland ein geteiltes Land und Berlin eine geteilte Stadt, ab 1961 besonders sichtbar durch die Berliner Mauer. Am 9. November 1989 fiel die Mauer, ein Jahr später war Deutschland wieder vereinigt. Am 3. Oktober 1990 trat die ehemalige DDR offiziell der BRD bei. Der Wiedervereinigungsvertrag wurde abgeschlossen.
Die offizielle Feier findet jedes Jahr in einem anderen Bundesland statt. An diesem Fest nehmen nicht nur Politiker teil. Auch für die Bevölkerung in dem Bundesland, wo gefeiert wird, gibt es ein Fest.
Vor der Wiedervereinigung war der Tag der Deutschen Einheit am 17. Juni.

Jedes Jahr am 1. August feiern die Schweizer ihren Nationalfeiertag. An diesem Tag wird an „Rütli-Schwur" erinnert. Mit dem Rütli-Schwur 1291 haben sich die Eidgenossen versprochen, zusammenzuhalten. Seit dem 19. Jahrhundert wird an den „Rütli-Schwur" bei der offiziellen Feier an historischem Ort auf der Rütliwiese in der Zentralschweiz gedacht.
In den Städten finden am Nachmittag und am Abend 1.Augustfeiern statt. Politiker halten Reden. Die Bevölkerung trifft sich, redet miteinander und isst etwas. Auch viele Bauern öffnen an diesem Tag schon am Morgen ihre Türen und laden die Bevölkerung zu einem einfachen Essen ein.
Am Abend sieht man viele Kinder mit Lampions aus Papier. Wenn es dunkel ist, gibt es in den Bergen Höhenfeuer, die man auch aus großer Distanz sieht. In vielen Orten gibt es ein offizielles Feuerwerk und auch die Schweizer selber machen ihr privates Feuerwerk.

	Deutschland	Schweiz	
Wann ist Nationalfeiertag?	•	•	1 1
Was wird gefeiert?	•	•	1 1
Wie wird gefeiert?	•	•	1 1
		•	1
		•	1
Wo wird gefeiert?	•	•	1 1

Schreiben

4 Sie haben eine Einladung bekommen. Antworten Sie auf die Einladung. Bitte beachten Sie die 5 Punkte im Kasten.

Endlich wieder zu Hause!

Nach einem Jahr unterwegs bin ich wieder zu Hause. Ich möchte dich ganz herzlich zu einem Wiedersehensfest am 7. Juli ab 17 Uhr in meiner neuen Wohnung in der Bachstraße 5 einladen. Ich würde mich freuen, wenn du kommst!

- Danken Sie für die Einladung.
- Gratulieren Sie.
- Sagen Sie zu.
- Stellen Sie eine Frage.
- Beachten Sie: Regeln für Briefe!

______________________________ 2 1 0

____

______________________________ 2 1 0

____

______________________________ 2 1 0

____

______________________________ 2 1 0

____

______________________________ 2 1 0

Wortschatz

5 Ordnen Sie die Gratulationen und Komplimente a. – e. den Situationen zu. Ergänzen Sie die fehlenden Wörter.

Situation	Geburtstag	neue Wohnung	Heirat	Essen	Prüfung	
Gratulation / Kompliment	______	______	______	______	______	½ + ½ + ½ ½ + ½

a. Viel ________ für eure gemeinsame Zukunft.

b. Super, dass du das geschafft hast! Ich ____________!

c. Lieber Opa! Alles Liebe und ________ für dich und viel Gesundheit! ½ + ½ + ½

d. Es freut mich, dass wir uns mal wieder sehen! Herzlichen Dank für die ______________!

e. K____________! Das hast du wirklich schön eingerichtet. ½ + ½

6 Ergänzen Sie die Beschreibung der Personen.

„Was hatten Herr und Frau Neumann auf dem Fest an?"

"Frau Neumann trug ein schwarzes, ärmelloses ________(1) und dazu eine 1

Hals________ (2) und für die Schultern einen einfarbigen ________ (3). 1 1

Herr Neumann trug ein ____________(4) Sakko, ein Hemd, aber keine 1

__________ (5). 1

11

Grammatik

7 Vorschläge, Bitten und Wünsche. Ergänzen Sie die Formen im Konjunktiv II.

_______________ (haben) (1) du Lust, mich Ende Juli / Anfang August in der Schweiz zu besuchen? 1
Am 1. August ist Nationalfeiertag. Wir _______________ (können) (2) am Morgen aufs Land fahren und am 1
Mittag bei einem Bauern essen und am Abend das Feuerwerk ansehen. So ___________ können (3) du ein 1
paar Schweizer Freunde kennenlernen und du _______________ (haben) (4) ein paar schöne Tage. 1

8 Sagen Sie es höflich! Ergänzen Sie das passende Verb im Konjunktiv II.

a. „Was meinst du, soll ich ihn anrufen? – „Ich ___________ noch warten." 1
b. „Entschuldigung, _______________ Sie einen Moment für mich Zeit?" 1
c. „Ja, kommen Sie. _______________ Sie bitte die Tür schließen?" 1
d. „Ich weiß nicht, was ich schreiben soll. _______________ du mir helfen?" 1

9 Markieren Sie die Passiv-Formen im Text.

Der Geburtstag ist in Deutschland für viele Menschen ein wichtiges Fest und wird meistens mit Freunden 1
oder mit der Familie gefeiert. Auch die Kollegen gratulieren normalerweise zum Geburtstag. Dem Geburts- 1
tagskind wird Glück gewünscht.

Sprechen

A	B	
Spielen Sie die Situation. **Sie sind zusammen mit Ihrem Partner / Ihrer Partnerin zur Hochzeit von Ihrer Freundin Sophie eingeladen.** • Reagieren positiv Sie auf die Einladung. • Fragen Sie Ihren Partner/Ihre Partnerin, was Sie anziehen könnten.	**Spielen Sie die Situation.** **Ihr Partner / Ihre Partnerin erzählt Ihnen von einer Einladung.** • Reagieren Sie positiv. • Beraten Sie Ihren Partner/Ihre Partnerin, was er/sie anziehen kann.	3 2 1 0
Ihr Partner / Ihre Partnerin erzählt Ihnen von einer Einladung. • Reagieren Sie negativ. • Beraten Sie mit Ihrem Partner/Ihrer Partnerin, wie Sie höflich absagen könnten.	**Sie sind zusammen mit Ihrem Partner / Ihrer Partnerin zum 30. Geburtstag von Uwe eingeladen.** • Reagieren Sie negativ auf die Einladung. • Beraten Sie mit Ihrem Partner/Ihrer Partnerin, wie Sie höflich absagen könnten.	3 2 1 0
• **Erzählen Sie Ihrem Partner / Ihrer Partnerin von einem typischen Fest in Ihrer Heimat.**	• **Erzählen Sie Ihrem Partner / Ihrer Partnerin von einem typischen Fest in Ihrer Heimat.**	4 3 2 1 0

ohne Sprechen

50 sehr gut 46	45 gut 41	40 36	35 31	30 >

mit Sprechen

60 sehr gut 55	54 gut 49	48 43	32 36	36 >

Lösungen

Kapitel 1

1.

2 1. r, 2. r, 3. r, 4. f, 5. f, 6. f, 7. f, 8. r, 9. f, 10. f.

4. 1. das Stadion, 2. das Krankenhaus, 3. das Denkmal, 4. das Hochhaus, 5. der Parkplatz.

5. (1) Tradition/Geschichte, (2) Altstadt, (3) Einwohner, (4) Mehrheit, (5) zweisprachig.

6. 1. Mit Fremdsprachen lernt man viele Menschen kennen. / Mit Fremdsprachen kann man viele Menschen kennen lernen. 2. Mit Fremdsprachen entdeckt man eine neue Welt. / Mit Fremdsprachen kann man eine neue Welt entdecken.

7. a. Peter ist nach Freiburg gekommen, denn Freiburg hat eine zweisprachige Universität. b. Am ersten Tag hat Peter am Fluss gesessen und hat dem Wasser zugeschaut. c. Am Abend ist er einkaufen gegangen, denn er hatte Hunger. d. Peter gefällt die Stadt, aber er denkt viel an zu Hause.

8. Herr Allenspach sagt, er ist in Freiburg geboren. Er sagt, er mag die Stadt. Er findet, in Freiburg sollen Sie mehr miteinander sprechen. Er findet, in Freiburg müssen sie die Integration der Ausländer verbessern.

Kapitel 2

1 1. c., 2. b., 3. c., 4. b., 5. a., 6. a., 7. a., 8. c., 9. b., 10. c.

2 1. H, 2. A, 3. D, 4. F, 5. C, 6. I, 7. J, 8. B, 9. G, 10. E.

4. (1) geboren, (2) aufgewachsen, (3) Schule, (4) studiert, (5) abgeschlossen, (6) Stelle, (7) kennen gelernt, (8) verliebt, (9) geheiratet, (10) getrennt.

5. werde, wirst, werdet.

6. a) Patrick Spycher erzählt, dass er mit 23 Jahren seine Frau kennen gelernt hat. b) Er sagt, dass sie sich total verliebt haben. c) Er erzählt, dass sie 2 Jahre später geheiratet haben. d) Er glaubt, dass er jetzt das Glück gefunden hat.

7. dieses, diese, diesem.

Kapitel 3

1 1. 15 Minuten, 2. 22.45 Uhr, 3. 82 Euro, 4. Schalter 5, 5. 7,20 Euro.

2. 1. Zug, 2. Auto, 3. Flugzeug, 4. Zug, 5. Auto.

3 1. E, 2. C, 3. D, 4. B, 5. A.

5. a. wechseln, b. verpasst, c. gelandet, d. mieten, e. umsteigen.

6. a. Gleis, b. Fahrkarte, c. Verspätung, d. Fähre, e. Speisewagen.

7. (1) mehr, (2) öfter, (3) moderner, (4) besser, (5) teurer.

8. a. Die U-Bahn ist schneller als der Bus. b. Die U-Bahn ist genauso teuer wie der Bus.

9. (1) weil, (2) weil, (3) denn.

Kapitel 4

1. 1. Ganztagsschule, 2. in der Schule, 3. zum Musikunterricht, 4. 7.30 Uhr, 5. 7.00 Uhr, 6. Englisch, Geschichte, Hausaufgaben, 7. viele Freundinnen, 8. Mathematik.

2. 1. r, 2. f, 3. f, 4. f, 5. f, 6. r, 7. r, 8. f, 9. f, 10. r.

4. (1) Schüler, (2) Noten, (3) Fächer, (4) Abschluss, (5) Zeugnis, (6) Praktikum, (7) Arbeit, (8) Lehre/Ausbildung, (9) Beruf, (10) Studium.

5. (1) -es, (2) -e, (3) -en, (4) -en, (5) -en, (6) -e, (7) -en, (8) -e, (9) -e, (10) -en.

Lösungen

Kapitel 5

1. 1. Stadtrundfahrt, 2. Friedrichstraße, 3. Brandenburger Tor, 4. Jüdisches Museum, 5. Wannsee.
2. 1. c., 2. i., 3. j., 4. e., 5. a., 6. h., 7. f., 8. g., 9. b., 10. d.
4. A. die Demonstration, B. die Gesellschaft, C. der Krieg, D. der Präsident/die Präsidentin, E. die Demokratie, F. der Bürger, G. das Gesetz, H. die Krise, I. die Partei, J. die Bevölkerung.
5. (1) in der, (2) am, (3) im, (4) ins, (5) an die, (6) in einer.
6. 1. war, 2. gab, 3. kamen, 4. konnten.

Kapitel 6

1. a.

b. 1. r, 2. f, 3. f, 4. f, 5. r.

2. 1. nur eine Person, 2. auch die Großeltern, 3. keine Kinder, 4. Ehepaare mit Kindern/Kinder, 5. nur Vater oder Mutter.
4. 1. Geschwister, 2. Nichte, 3. Neffe, 4. Enkel(kinder), 5. Schwiegereltern.
5. (1) sympathisch, (2) gern, (3) schwanger, (4) heirateten, (5) Beziehung.
6. (1) alle, (2) Jeder, (3) beide.
7. (1) uns, (2) euch.
8. Das ist der Onkel, den ich am liebsten habe.
9 (1) die, (2) der, (3) den, (4) die.

Kapitel 7

1. Koch: Dialog 5, Arbeitszeit: 9–14 und 17–21; Pilot: Dialog 2, Arbeitszeit: 8–10 Stunden; Gärtnerin: Dialog 3, Arbeitszeit: 7–16; Tänzerin: Dialog 1, Arbeitszeit: 9–14 und abends; Ärztin: Dialog 4, Arbeitszeit Mo und Mi 7–17, Do 7–13.
2. 1.F, 2.B, 3.D, 4.E, 5.A.
4. (1) Firma, (2) Kunden, (3) Pause, (4) Kantine, (5) Sitzung.
5. (Bau)arbeiter, Kellner, Ärztin, Bauer, Koch.
6. (1) Neue, (2) Alte.
7. (1) euer, (2) seiner, (3) Ihr, (4) sein, (5) mein.
8. (1) keine, (2) einer, (3) keinen.

Kapitel 8

1. Interview 1: Mali: ängstlich, unsicher, traurig; Interview 2: Mexiko: neugierig; Interview 3: Japan: ängstlich, glücklich, unsicher
2. 1. r, 2. f, 3. f, 4. f, 5. r, 6. r, 7. f, 8. r, 9. r, 10. r.
4. a. traurig, b. ruhig, c. weinen, d. froh, e. glücklich, f. neugierig, g. nervös.
5. die Frist – der Antrag – der Stempel.
6. (1) auf, (2) mit, (3) zu, (4) von, (5) an.
7. (1) wenn, (2) bis, (3) Als, (4) Seit, (5) Wenn.

Kapitel 9

1. 1.a, 2.c, 3. a, 4. a, 5.c.
2. 1. r, 2. r, 3. f, 4. f, 5. f, 6. r, 7. f, 8. f, 9. r, 10. r.
4. (1) helfen, (2) startest, (3) einlegen, (4) antwortest / sagst / klickst, (5) abschalten/ausschalten.

5. die Maus, der Bildschirm, das Kabel, der Drucker, der Briefumschlag.
6. a) Angela ist viel unterwegs, deshalb hat sie sich ein Handy gekauft.
   b) Sie braucht das Handy, damit man sie überall erreichen kann.
7. (1) weil, (2) damit, (3) damit, (4) deshalb.
8. a. Geht es um 18 Uhr? b. Es kommen zu viele Mails. / Es sind zu viele Mails gekommen.
9. 1. soll, 2. sollt.

Kapitel 10

1.

Heimat ist ...	Dialog 1	Dialog 2	Dialog 3	Dialog 4	Dialog 5
– wo meine Freunde sind	☒	☐	☐	☐	☐
– wo ich meine Kindheit verbracht habe	☐	☒	☐	☒[1]	☐
– typisches Essen	☒	☐	☐	☐	☐
– ein Gefühl	☐	☐	☐	☒[1]	☒
– etwas, das mich nicht interessiert	☐	☐	☒	☐	☐
Heimweh kenne ich.	☒	☐	☐	☒	☒
Heimweh kenne ich nicht.	☐	☒	☐	☐	☐

[1] *beide Lösungen möglich*

2. 1. C, 2. E, 3. F, 4. G, 5. I.
4. (1) aufgewachsen, (2) Landschaft, (3) wohl, (4) Heimweh, (5) bedeutet.
5. (1) umziehen, (2) Vertrag, (3) kündigen, (4) Miete, (5) möbliert.
6. (1) sie, (2) ihre, (3) ihr, (4) seine, (5) er.
7. (1) Niemand, (2) nichts, (3) alles, (4) Jemand, (5) etwas.

Kapitel 11

1. a. Jürgen, b. 4 Wochen, c. 13. 5. (um 16 Uhr), d. Hotel Krone, e. ja.

2.

Person 1	Person 2	Person 3	Person 4	Person 5
☒ höflich	☐ höflich	☐ höflich	☒ höflich	☐ höflich
☐ unhöflich	☒ unhöflich	☒ unhöflich	☐ unhöflich	☒ unhöflich

3.

	Deutschland	Schweiz
Wann ist Nationalfeiertag?	3. Oktober	1. August
Was wird gefeiert?	• Wiedervereinigung	• Rütli-Schwur
Wie wird gefeiert?	• Fest mit Politikern und Bevölkerung	3 der folgenden möglichen Nennungen: • Feiern an historischem Ort (Rütli-Wiese) • Feiern in den Städten • Politiker halten Reden • Bauern laden Bevölkerung zum Essen ein • Kinder mit Lampions / Höhenfeuer auf den Bergen • Feuerwerk
Wo wird gefeiert?	• jedes Jahr in einem anderen Bundesland	• an vielen Orten

5. Geburtstag c., neue Wohnung e., Heirat a., Essen d., Prüfung b.; a. Glück, b. gratuliere, c. Gute, d. Einladung, e. Kompliment.
6. (1) Kleid, (2) kette, (3) Schal, (4) gestreiftes, (5) Krawatte.
7. (1) Hättest, (2) könnten, (3) könntest, (4) hättest.
8. a. würde, b. hätten, c. Könnten/Würden, d. Könntest/Würdest.
9. wird – gefeiert, wird – gewünscht.

Transkript

Kapitel 1

1 Sie hören 10 Dialoge. Wo ist das?
Markieren Sie die Zahl auf dem Plan.

Eins

Und hier sehen Sie das Denkmal für Eduard den Zweiten. Er hat die Stadt vor nun 700 Jahren gegründet. Auch eine große Straße in unserer Stadt trägt noch seinen Namen.

Zwei

- ● Sei doch nicht so nervös. Setz dich doch endlich einmal hin. Der Zug kommt schon noch. Nimm dein Buch und lies etwas.
- ○ Jetzt warten wir schon bald eine halbe Stunde. Nie sind die Züge pünktlich. Hoffentlich kommt der Zug bald.

Drei

- ● Sieh mal! Diese Aussicht! Von hier oben kannst du über die ganze Stadt sehen. Hier möchte ich gerne wohnen.
- ○ Ja, heute sieht man sogar die Berge! Wirklich schön. Aber ich kann nicht hinunter sehen. Das geht nicht. Ich kann nicht in einem Hochhaus wohnen.

Vier

- ● Schau mal, dieses alte Haus. Das ist aber schön renoviert. Und dieses Dach! Das ist schon speziell.
- ○ Ja, das ist wirklich schön. Mir gefallen die runden Fenster. Dort, im ersten Stock, siehst du die vier Fenster, da möchte ich gerne wohnen.
- ● Ja, nicht schlecht. Aber das ist bestimmt viel zu teuer!

Fünf

- ● Entschuldigung, aber hier neben der Kirche dürfen Sie nicht parken!
- ○ Hören Sie, ich suche seit einer halben Stunde nach einem Parkplatz und finde keinen!
- ● Hier ist gleich ein Parkplatz. Fahren Sie hier die Straße gerade aus, da kommt dann gleich links ein großer Parkplatz.

Sechs

Und in diesem Haus hat August Lohmann als junger Student gewohnt. Er hatte ein kleines Zimmer im 2. Stock. Heute ist es ein kleines Museum. Wir gehen jetzt in das Haus. Wer nicht mitkommen möchte, ist bitte in 15 Minuten wieder hier. Dann geht es weiter.

Sieben

- ● Ich kann nicht mehr laufen. Lass uns eine Pause machen! Dort ist eine Bank.
- ○ Da sitzen wir aber ganz in der Sonne.
- ● Ach, das geht schon. Wir bleiben ja nicht lange. Nur einen Moment.
- ○ Das ist eigentlich ein schöner Park, so mitten in der Stadt.

Acht

- ● Komm, beeil dich, das Fußballspiel fängt gleich an. Welchen Platz haben wir?
- ○ Abschnitt C, Reihe 7, Platz 24 und 25.
- ● Hier sind wir falsch. Das ist Abschnitt K. Wir müssen wieder ganz zurück. Kannst du eigentlich nicht aufpassen? Wir verpassen noch den Anfang.
- ○ Wieso ich? Pass du doch auf! Und wer musste noch unbedingt ein Bier holen?
- ● Ja, ja, komm.

Neun

- ● Erst kommen wir zu spät zum Fußballspiel und dann findest du dein Auto nicht wieder. Wo hast du deinen Kopf!
- ○ Ich glaube, es war hier, in der zweiten Reihe. Siehst du es?
- ● Ja, da steht es. Kannst du dir eigentlich niemals merken, wo du das Auto hinstellst?

Zehn

- ● Sieh mal, da schwimmen Fische.
- ○ Wo? Sehe ich nicht.
- ● Na, da.
- ○ Ja, jetzt sehe ich sie auch. Komm, setzen wir uns an den Fluss. Ich möchte dir auch noch etwas erzählen.
- ● Ja, gern. Komm, gehen wir etwas weg von der Brücke. Da ist es ruhiger.

Kapitel 2

1 Sie hören die Lebensgeschichte von Ursula Schäuble zweimal.
Was sagt sie? Kreuzen Sie an.

- ● Ich möchte Ihnen heute Ursula Schäuble vorstellen. Ursula, woher kommen Sie?
- ○ Ich komme aus Rendsburg, das liegt im Norden von Deutschland, zwischen Hamburg und der dänischen Grenze.
- ● Sind Sie in Rendsburg geboren?
- ○ Nein, geboren bin ich 1963 im Südwesten von Deutschland, in Stuttgart. 1970 sind meine Eltern nach Rendsburg gezogen. Ich war gerade sieben Jahre alt. Der Anfang in der neuen Stadt war schwierig für mich.
- ● Warum war das schwer?
- ○ Wir haben in der Familie Dialekt gesprochen: Schwäbisch. In Norddeutschland hat man anders gesprochen. Die Kinder in der Schule haben oft über mich gelacht. Das war nicht schön. Es war schwer, Freunde zu finden. Aber ich habe mich schnell an die neue Umgebung gewöhnt. Nach zwei Jahren habe ich wie die anderen Kinder gesprochen.
- ● Haben Sie damals Ihr Interesse an Sprachen entdeckt?
- ○ Vielleicht war das der Anfang. Ja. Wichtiger war meine Freundschaft zu einem Mädchen aus meiner Klasse. Sie hat zu Hause Dänisch gesprochen. Ich glaube, zu dieser Zeit habe ich Sprachen entdeckt. Meine dänische Freundin hat mir Wörter auf Dänisch gesagt. So habe ich etwas Dänisch gelernt. Ich wollte schon als Kind etwas mit Sprachen machen: Übersetzen, reisen und die Welt sehen.
- ● Wie ist es dann weitergegangen?
- ○ Ich habe in Rendsburg die Grundschule und das Gymnasium besucht. Ich bin gern in die Schule gegangen.
  Ich habe gerne etwas gelernt.
  Als ich 16 Jahre alt war, bin ich für ein Jahr in die USA gegangen. Dort habe ich die Schule besucht und Englisch gesprochen. Das war eine schöne Zeit. Aber es war nicht leicht. Am Anfang habe ich gedacht: Das verstehe ich nie! Aber nach vier Monaten habe ich auf Englisch geträumt. Nach einem Jahr bin ich dann wieder nach Deutschland zurückgekommen. 1982 habe ich die Schule beendet und mein Abitur gemacht.
- ● Haben Sie dann mit dem Studium angefangen?

○ Nein, ich habe mir für ein paar Monate eine Arbeit gesucht. Ich wollte Geld verdienen. Mit dem Geld habe ich eine große Reise gemacht. Das war 1983. Ich war 20 Jahre alt.

● Wo sind Sie gewesen?

○ Ich bin allein nach Südamerika gefahren und habe Argentinien, Chile, Brasilien und Peru besucht. Das war toll. Ich habe etwas Spanisch und Portugiesisch gelernt. Ich war ein halbes Jahr lang unterwegs. Es war super. Auf der Reise habe ich Thomas kennen gelernt. Er kommt aus Berlin. Wir haben uns sofort verliebt und sind drei Monate zusammen gereist.

● War es schwer, wieder zurückzukommen?

○ Ja. Ich bin nur ein paar Wochen in Rendsburg geblieben. Ich habe mich dort nicht mehr wohl gefühlt. Ich wollte zu Thomas nach Berlin. Ich habe dann Geografie studiert und 1987 ist unsere Tochter Julia auf die Welt gekommen. Ein Jahr später, 1988, kam Max. Zwei kleine Kinder, das war nicht leicht. Thomas ist Musiker und viel unterwegs. Da war ich oft mit den Kindern allein. Heute sind beide Kinder erwachsen und suchen sich bald eine eigene Wohnung.

● Was ist ihr Traum für die Zukunft?

○ Ich möchte mein Studium abschließen und eine interessante Arbeit finden, aber das ist in meinem Alter nicht so leicht.

● Ich hoffe, Sie können Ihren Traum verwirklichen. Vielen Dank für das Interview.

Kapitel 3

1 Sie hören 5 kurze Ansagen oder Nachrichten am Telefon. Notieren Sie die Hauptinformation.

Eins

Eine Verspätungsmeldung für Gleis 12. An alle Fahrgäste nach Hamburg – meine Damen und Herren, der ICE nach Hamburg, fahrplanmäßige Abfahrt um 8.35 auf Gleis 12, hat circa 15 Minuten Verspätung. Ich wiederhole, Gleis 12, der ICE nach Hamburg hat circa 15 Minuten Verspätung. Wir bitten alle Fahrgäste um Entschuldigung.

Zwei

Hei, Marco. Ich bin es, Nina. Du, ich wollte dir nur sagen, ich komme später. Mein Zug hat über eine Stunde Verspätung und dann ist der letzte Bus am Abend schon weg. Kannst du mich mit dem Auto vom Bahnhof abholen? Ich bin aber erst um Viertel vor elf am Bahnhof.

Drei

● Guten Tag.

○ Guten Tag, Sie wünschen?

● Ich möchte eine Fahrkarte nach Kassel, zweiter Klasse, heute hin, morgen zurück.

○ Möchten Sie mit dem ICE fahren?

● Ja, bitte.

○ Haben Sie eine Bahncard?

● Ja, die Bahncard 50.

○ So, das macht dann 82 Euro, bitte. – Gute Reise.

● Vielen Dank, auf Wiedersehen.

Vier

Wir bitten um Ihre Aufmerksamkeit. Herr Uwe Werner aus Berlin, bitte melden Sie sich am Schalter fünf. Herr Werner aus Berlin, bitte kommen Sie zu Schalter fünf.

Fünf

Willkommen an Bord des ICE Komet von München nach Hamburg. Nächster Stopp Augsburg.
In unserem Bordrestaurant servieren wir Ihnen heute: Fischfilet mit Kartoffeln und Salat der Saison für nur 7 Euro 20.

2 Auto, Bahn oder Flugzeug? Welches Verkehrsmittel mag die Person? Kreuzen Sie an.

● Auto, Bahn oder Flugzeug? Mit welchem Verkehrsmittel reisen Sie am liebsten? Sagen Sie uns Ihre Meinung! Rufen Sie an: 01 600 33 11. Und ich sehe gerade, da ist auch schon der erste Hörer! Mit wem spreche ich?

○ Andreas Prange aus Hannover.

● Andreas, wie reisen Sie am liebsten?

○ Also, ich bin viel beruflich unterwegs. Mal muss ich nach Hamburg, Kassel und Dortmund, mal nach Berlin oder Leipzig. Ich fahre dann immer mit dem ICE. Da bin ich schneller als mit dem Auto. Ein anderer Vorteil: Ich kann im Zug arbeiten, telefonieren und gut essen.

● Danke Andreas. Und hier ist schon der nächste Hörer. Hallo?

■ Hier ist Nina Gehrke. Ich rufe aus der Nähe von Detmold an.

● Hallo Nina.

■ Hallo. Also, ich wohne auf dem Land und arbeite in der Stadt. Ich kann nicht mit dem Zug oder mit dem Bus fahren, weil es keine guten Verbindungen gibt. Ich muss das Auto nehmen. Zum Glück fahre ich gerne Auto. Ich bin auch gerne flexibel.

● Danke Nina.
Und hier kommt Udo Michelsen aus Hamburg. Hallo Udo.

□ Hallo Sarah. Also, in Hamburg fahre ich mit den öffentlichen Verkehrsmitteln: mit der U-Bahn, der Straßenbahn oder auch mal mit der Fähre über den Fluss. Mit dem Auto gibt es zu viele Staus. Aber mein liebstes Verkehrsmittel ist das Flugzeug: schnell und billig.

● Danke Udo. Und hier die nächste Hörerin. Hallo?

▲ Hier ist die Helga aus Berlin.

● Hallo Helga. Fliegst du auch am liebsten?

▲ Nein. Ich fliege nie. Fliegen ist nicht gut für die Natur. Ich fahre auch weite Strecken mit dem Zug. Am liebsten nehme ich den Nachtzug. Ich finde es nicht gut, dass das Fliegen jetzt so billig ist. Wir machen so unsere Natur kaputt. Ich habe auch kein Auto. In der Stadt fahre ich mit dem Fahrrad, gehe zu Fuß oder nehme den Bus.

● Und schon kommt der nächste Hörer.
Hallo, mit wem spreche ich?

△ Hallo. Hier ist der Helmut aus Krefeld. Also, ich fliege auch nicht so gern und der Zug ist mir einfach zu teuer und zu unpraktisch. Man muss sich an die Fahrpläne halten. Für mich ist es ganz klar: Ich fahre gern und viel mit dem Auto. Das ist praktisch. Ich fahre auch mit dem Auto in den Urlaub. So kann ich mir die Umgebung ansehen. Staus sind kein Problem für mich. Ohne Auto könnte ich gar nicht leben.

Transkript

Kapitel 4

1 Was sagt Lena? Kreuzen Sie an. Notieren Sie, was Lena am Mittwochvormittag hat.

● Lena, deine Schule ist etwas anders als die anderen Schulen hier in der Stadt. Kannst du uns erzählen, was genau anders ist?
○ Ja, ich besuche eine Ganztagsschule, das heißt, es ist den ganzen Tag Schule. Also ich komme morgens zur Schule und bleibe da bis 16 Uhr. Die anderen Schulen haben nur bis etwa 13 Uhr Unterricht. Hier ist das anders.
● Ist es nicht schöner, am Nachmittag zu Hause zu sein?
○ Am Anfang habe ich das auch gedacht, aber jetzt finde ich das besser.
● Was ist denn besser?
○ Na ja, wenn ich nach Hause gehe, dann habe ich wirklich frei. Ich muss zu Hause keine Hausaufgaben mehr machen. Das habe ich schon alles in der Schule gemacht. Ich kann mich mit meinen Freundinnen treffen. Oder ich gehe zum Musikunterricht. Ich lerne Gitarre spielen. Das mache ich sehr gern. Und wir machen auch andere Dinge.
● Wie sieht ein typischer Schultag aus?
○ Also, der Unterricht fängt immer um halb acht an, aber wir können auch schon ab sieben Uhr in die Schule kommen.
● So früh?
○ Ja, aber das ist ganz gut. Bei einigen Kindern müssen die Eltern schon so früh arbeiten. So sind sie nicht allein zu Hause. Die Eltern bringen sie in die Schule und gehen dann zur Arbeit. Und in der Schule sind immer auch andere Kinder und so kann man erzählen und auch frühstücken.
● Bist du auch so früh in der Schule?
○ Nein, ich bin erst um halb acht da. Ja und dann fängt der Unterricht an.
● Wie sieht so ein Schultag genau aus? Was machst du zum Beispiel am Mittwoch?
○ Am Mittwoch habe ich zuerst Deutsch und dann, in der zweiten Stunde Englisch. Dann ist Pause.
● Wie lang ist die Pause?
○ Fünfzehn Minuten. Nach der Pause habe ich etwas ganz Besonderes. Das habe ich gewählt.
● Ja?
○ Da machen wir Schulradio. Unsere Schule hat ein eigenes Radio. Wir machen unsere eigenen Sendungen.
● Das macht Spaß?
○ Ja, sehr.
● Und was für Fächer hast du danach?
○ Danach habe ich Geschichte. Geschichte mag ich ganz gern und danach habe ich Erdkunde.
● Magst du Erdkunde auch gern?
○ Nein, nicht so richtig. Nach Erdkunde habe ich vor dem Mittagessen noch eine Stunde Zeit für Hausaufgaben.
● Wann ist Mittagspause?
○ Von halb eins bis Viertel nach eins. Dann ist wieder Unterricht. Ich habe Englisch, Mathematik und dann am Ende Musik.
● Und dann bist du müde, oder?
○ Ja, manchmal schon.
● Gehst du gern in die Schule?
○ Eigentlich schon. Die meisten Lehrer sind wirklich gut. Da macht es Spaß. Andere sind einfach langweilig. Aber meine Klasse ist gut und ich habe viele Freundinnen.
● Was sind deine Lieblingsfächer?
○ Mathematik habe ich sehr gern, und Biologie finde ich auch gut, aber Mathe ist mein Lieblingsfach.
● Was möchtest du später einmal werden?
○ Ich weiß noch nicht. Ärztin vielleicht oder Journalistin.

Kapitel 5

1 Sie hören 5 Dialoge. Was sehen sich die Personen an? Markieren Sie.

Eins

● Und, was machen wir jetzt?
○ Ich brauche eine Pause.
● Komm, wir haben ja noch nicht viel gesehen. Nur den Potsdamer Platz.
○ Ja, aber ich kann wirklich nicht mehr. Ich muss sitzen. Ist hier nicht irgendwo eine Bank? Oder ein Café?
● Dort an der Straße ist eine Bank. Schau mal, dort fährt der Bus für die Stadtrundfahrt ab.
○ Ja und?
● Da kannst du sitzen und wir können Berlin ansehen.
○ Ich möchte lieber in ein Café.
● Och, Karin.
○ Okay, nehmen wir den Bus und sehen uns Berlin an.

Zwei

● Was sehen wir uns jetzt an?
○ Wir können ja heute einfach mal durch die Stadt gehen und schauen, was es für Geschäfte gibt.
● Ja, warum nicht? Ins Museum können wir auch wenn es regnet. Wohin gehen wir?
○ Prima. Es gibt zwei ganz bekannte Straßen mit tollen Geschäften: den Kurfürstendamm in Westberlin und die Friedrichstraße im ehemaligen Ostberlin. Welche sollen wir uns ansehen?
● Ich weiß nicht. Was ist der Unterschied?
○ Auf dem Kurfürstendamm gibt es viele interessante Geschäfte. Das ist so wie bei uns zu Hause. Die Friedrichstraße war früher sehr bekannt. So um 1920 herum war das die wohl interessanteste Straße von Berlin. Und später, als Berlin geteilt war, war der Grenzübergang Checkpoint Charlie hier. Ich glaube, da ist auch ein kleines Museum, das „Haus am Checkpoint Charlie". Friedrichstraße, – warte mal, hier steht: „Auf der südlichen Hälfte der Friedrichstraße sind viele neue Bauten entstanden wie die Friedrichstadtpassagen mit Boutiquen, Büros und Restaurants im neuen Design. Dort gibt es das Kaufhaus „Galeries Lafayettes". Man sagt, die Friedrichstraße ist wie eine Straße in New York."
● Und der Kurfürstendamm?

○ Das ist die Straße mit vielen Boutiquen im Westen von Berlin, in der Nähe vom Bahnhof Zoo. Dort gibt es das „Kaufhaus des Westens". Das ist sehr bekannt. Da findet man auch alles. Wir können aber auch einfach den Bus nehmen, irgendwo aussteigen und so durch die Straßen laufen. – Was meist du, was möchtest du am liebsten machen?

● Nicht nur Geschäfte ansehen. Ich möche lieber sehen, was sich alles verändert hat. Friedrichstraße ist doch eine gute Idee. Etwas Geschichte und die Architektur ansehen, ist doch gut, oder?

○ Ja, gern. Wie kommen wir dahin?

Drei

So, wir sind jetzt hier auf dem Pariser Platz. Hier sehen Sie das wohl berühmteste Bauwerk von Berlin. Wie Sie wissen, war Berlin 40 Jahre lang eine geteilte Stadt. Das Brandenburger Tor war das Symbol für die Teilung, denn 40 Jahre lang konnte niemand durch dieses Tor gehen. Die Grenze zwischen Ost- und Westberlin war genau hier. Seit 1990 feiern die Berliner hier den Beginn des Neuen Jahres mit einem großen Fest. Dahinten sehen Sie den Reichstag. Auch das Regierungsviertel ist nicht weit.

Vier

● Heute regnet es den ganzen Tag. Was machen wir?

○ Wir können ja in ein Museum gehen.

● Ja, warum nicht. In welches?

○ Das Jüdische Museum soll sehr interessant sein, oder wir können ins Pergamon-Museum gehen.

● Was kann man dort sehen?

○ Kunst aus der Antike, glaube ich.

● Ach, Antike interessiert mich nicht so sehr.

○ Hm, oder wir können ins Haus am Checkpoint Charlie gehen. Dort kann man etwas über die Teilung der Stadt lernen. Was interessiert dich denn?

● Ich möchte gern ins Jüdische Museum. Das ist neu und ich war noch nicht da.

○ Ja, okay, gehen wir dahin.

Fünf

● Schau mal, heute wird das Wetter schön und bestimmt ganz warm. Was machen wir heute?

○ Ich weiß nicht, wir können ja in die Stadt gehen und eine Fahrt mit dem Schiff auf der Spree machen.

● Ja, aber das ist mitten in der Stadt. Ich möchte lieber in die Natur, in einen Park oder an einen See und etwas spazieren gehen oder Fahrrad fahren.

○ Fahrrad fahren ist eine gute Idee!

● Mit dem Fahrrad durch den Grunewald und dann weiter an den Wannsee, baden. Was meinst du?

○ Ja, fahren wir an den Wannsee.

● *Pack die Badehose ein, nimm dein kleines Schwesterlein Und dann nischt wie raus zum Wannsee. Ja wir radeln wie der Wind, durch den Grunewald geschwind Und dann sind wir bald am Wannsee.*

Kapitel 6

1 a) Sie hören ein Gespräch mit Ines, sehen Sie das Bild an und notieren Sie, wer das ist. Den ersten Teil des Gesprächs hören Sie zweimal.

● Ist das deine ganze Familie?

○ Nein, nicht nur Familie, auch ein paar gute Freunde.
Schau, ganz rechts steht Anna. Sie wollte nicht mit aufs Bild, aber Anna ist meine beste Freundin. Sie ist wie eine Schwester für mich. Und hinter ihr ist mein Freund Nico.

● Und wer ist das neben dir mit der Mütze auf dem Kopf? Ist das dein Vater?

○ Nein, das ist Micha, der neue Mann meiner Mutter. Sie haben letztes Jahr geheiratet. Meine Mutter ist die hier, neben Micha.

● Hast du Kontakt zu deinem Vater?

○ Ja, natürlich. Er ist auch auf dem Bild. Er steht da ganz hinten.

● Hat er auch wieder geheiratet?

○ Nein. Aber er lebt mit seiner Freundin zusammen.

● Und wer ist das mit der Katze auf dem Arm?

○ Das ist mein Onkel Tom, der Bruder meiner Mutter mit seiner Frau Heidi und ihrem Sohn Jan.

b) Sie hören nun das komplette Gespräch. Was sagt Ines? Kreuzen Sie an: Richtig oder falsch?

● Ist das deine ganze Familie?

○ Nein, nicht nur Familie, auch ein paar gute Freunde.
Schau, ganz rechts steht Anna. Sie wollte nicht mit aufs Bild, aber Anna ist meine beste Freundin. Sie ist wie eine Schwester für mich. Und hinter ihr ist mein Freund Nico.

● Und wer ist das neben dir mit der Mütze auf dem Kopf? Ist das dein Vater?

○ Nein, das ist Micha, der neue Mann meiner Mutter. Sie haben letztes Jahr geheiratet. Meine Mutter ist die hier, neben Micha.

● Hast du Kontakt zu deinem Vater?

○ Ja, natürlich. Er ist auch auf dem Bild. Er steht da ganz hinten.

● Hat er auch wieder geheiratet?

○ Nein. Aber er lebt mit seiner Freundin zusammen.

● Und wer ist das mit der Katze auf dem Arm?

○ Das ist mein Onkel Tom, der Bruder meiner Mutter mit seiner Frau Heidi und ihrem Sohn Jan.

● Dein Cousin sieht nett aus.

○ Ja, Jan ist in Ordnung. Wir sehen uns nicht so oft, aber wir verstehen uns ganz gut. Er schreibt mir in letzter Zeit immer lustige E-Mails und fragt mich viel und erzählt von seinen Problemen. Er hat auch keine Geschwister und ich glaube, er hat auch nicht so viele Freunde.

● Und deine Freundin Anna?

○ Sie ist eigentlich eine Nachbarin. Ihre Eltern haben das Haus neben uns gekauft, als wir noch sehr klein waren. Wir sind etwa gleich alt. Wir haben zusammen gespielt und sind dann auch zusammen zur Schule gegangen. Wir waren auch in der gleichen Klasse. Als Kinder waren wir wirklich viel zusammen. Mit ihr konnte ich eigentlich immer über alles reden. Aber seit wir beide nicht mehr zu Hause wohnen, sehen wir uns nicht mehr so oft. Ich habe das Gefühl, dass wir uns langsam aus den Augen verlieren.

● Wie verstehst du dich mit deinem neuen Vater?
○ Nein, nein, Micha ist der Mann meiner Mutter, aber nicht mein Vater. Er ist nett, ein bisschen langweilig, vielleicht. Er war einfach immer da, wenn es meiner Mutter schlecht ging. Ich glaube, sie ist ganz glücklich mit ihm. Mit meinem Vater hat sie sich immer gestritten. Jetzt mit Micha ist das anders: ruhig, und etwas langweilig, finde ich.
● Und dein Vater?
○ Mein Vater, der ist ganz anders. Wir haben viel Spaß gehabt und auch viel Blödsinn zusammen gemacht. Als ich klein war, da sind wir mal zusammen ...

Kapitel 7

1 Sie hören fünf kurze Dialoge. Ordnen Sie die Dialoge den Berufen zu. Notieren Sie Dialognummer und die Arbeitszeiten der Personen.

Eins
● Haben Sie die fantastische Geburtstagstorte schon probiert?
○ Die sieht wirklich gut aus, aber leider esse ich nie Torte. Das ist bei meinem Beruf nicht gut.
● Sie dürfen aus beruflichen Gründen keine Torte essen? Sind Sie Fotomodell?
○ Nein, nein, ich bin Tänzerin an der Staatsoper. Klassisches Ballett.
● Toll, dann sind Sie ja richtig berühmt!
○ Nicht wirklich.
● Das hat mich schon immer einmal interessiert: Wie sind eigentlich Ihre Arbeitszeiten?
○ Das ist unterschiedlich. Normalerweise beginnen wir gegen 9 Uhr am Morgen mit den Proben. Das geht bis 14 Uhr etwa. Ja und dann halt am Abend, wenn wir Vorstellung haben.
● Das stelle ich mir sehr hart vor.
○ Ja, das ist es manchmal schon, aber ich mag meinen Beruf.

Zwei
○ Was machen Sie denn beruflich?
● Ich bin Pilot bei der Lufthansa.
○ Dann sehen Sie viel von der Welt.
● Ja, von oben. Nein, nein, es geht. Wir fliegen ja vor allem innerhalb von Europa. Normalerweise hat man keine Zeit, sich etwas anzusehen. Man kommt an und fliegt so schnell wie möglich zurück.
○ Und wie lange arbeiten Sie?
● Der Flugplan sieht so aus, dass ich zwischen 8 bis 10 Stunden pro Tag unterwegs bin. Aber manchmal, wenn es Probleme gibt, dann auch länger.
○ Werden Sie da nicht manchmal müde?
● Das darf eigentlich nicht sein. Wir sind aber immer zu zweit.

Drei
○ Haben Sie auch so unregelmäßige Arbeitszeiten?
■ Nein, bei mir ist alles ganz geregelt. Ich bin Gärtnerin. Es gibt Unterschiede je nach Jahreszeit, im Winter zum Beispiel, ist weniger zu tun.
○ Wann fangen Sie am Morgen an zu arbeiten?
■ Um 7 Uhr. Ich arbeite 8 Stunden pro Tag und mache eine Stunde Mittagspause. Um 16 Uhr habe ich Feierabend und gehe nach Hause.
○ Sie haben es gut.
■ Ich kann nicht klagen. Mir gefällt mein Beruf.

Vier
● Was machen Sie denn beruflich?
▲ Ich bin Ärztin.
● Man hört oft, dass die Ärzte sehr unregelmäßige Arbeitszeiten haben. Ist das bei Ihnen auch so?
▲ Nein, ich habe Glück. Ich habe mit drei Kollegen zusammen eine Praxis. Wir organisieren unsere Arbeit sehr gut. Ich bin jeden Montag und Mittwoch von 7 Uhr bis 17 Uhr in der Praxis und am Donnerstag von 7 bis 13 Uhr. So habe ich am Dienstag und Freitag Zeit für unsere Kinder.

Fünf
▲ Darf man fragen, was Sie beruflich machen?
□ Ich bin Koch in einem Spezialitätenrestaurant.
▲ Und wie ist das bei Ihnen, haben Sie regelmäßige Arbeitszeiten?
□ Ja, regelmäßig sind meine Arbeitszeiten schon, aber es gibt größere Pausen während des Tages. Ich beginne am Morgen gegen 9 Uhr und arbeite bis etwa 14 Uhr. Dann habe ich eine Pause. Um 17 Uhr beginne ich wieder und arbeite bis 21 Uhr. Zwei Tage in der Woche habe ich frei. Am Wochenende arbeite ich fast immer. Heute habe ich mir für dieses Fest frei genommen. So ein 50ster Geburtstag ist schon etwas Besonderes.
▲ Ja, da haben Sie Recht. Und wir reden hier über die Arbeitszeiten.

3 Hören Sie die Nachricht vom Anrufbeantworter und machen sich Notizen. Schreiben Sie einen Zettel für Karsten. Notieren Sie, was er tun soll.

Guten Tag, hier ist Frau Stark, von der Agentur Schulz und Partner. Schade, dass ich Sie nicht mehr erreiche. Es geht um Ihren Auftrag, das Informationsheft für Ihre Firma Rad-Rapid.
Sie hatten uns zwei Fotos gegeben. Leider ist die Qualität nicht gut genug für den Druck. Wir brauchen also dringend neue Fotos. Es wäre gut, wenn Sie die Fotos von einem professionellen Fotografen machen lassen könnten. Wir haben sehr gute Erfahrungen mit Herrn Blank gemacht und können ihn wirklich empfehlen.
Sie erreichen Herrn Blank unter der Telefonnummer 45 48 29.
Es wäre schön, wenn wir die neuen Fotos bis nächsten Mittwoch bekommen könnten. Könnten Sie uns bitte informieren, ob das klappt? Herzlichen Dank und auf Wiederhören!

Kapitel 8

1 Sie hören 3 Interviews am Flughafen Frankfurt. Hören, notieren und markieren Sie.

Eins
● Wohin fliegen Sie?
○ Jetzt zuerst nach Paris und dann weiter nach Mali.
● Sie haben sehr viel Gepäck dabei. Bleiben Sie länger?
○ Ja, ich werde dort ein Jahr bleiben und arbeiten.
● Was erwarten Sie von Ihrem Aufenthalt in Mali?

○ Ich denke, das wird nicht ganz einfach werden. Ich bin traurig, dass ich meine beiden Töchter so lange nicht sehe. Meine Kinder fehlen mir jetzt schon. Ich bin auch ein wenig unsicher. Es ist eine ganz andere Kultur und ich weiß nicht viel darüber. Ich habe ein wenig Angst, dass ich Fehler mache. Aber es ist für mich nicht das erste Mal, dass ich im Ausland arbeite.

Zwei

● Wohin fliegen Sie?
■ Ich fliege nach Mexiko.
● Sie haben viel Gepäck dabei. Bleiben Sie länger?
■ Ich weiß noch nicht genau wie lange. Maximal drei Monate.
● Was machen Sie in Mexiko?
■ Ich mache zuerst einmal sechs Wochen einen Spanischkurs. Und dann weiß ich noch nicht genau.
● Was erwarten Sie von Ihrer Reise?
■ Für mich ist diese Reise etwas ganz Besonderes. Ich arbeite seit vielen Jahren in einem Reisebüro und ich habe auch schon viele Länder gesehen. Aber im Moment möchte ich etwas in meinem Leben verändern. Die Reise ist eine Pause zum Nachdenken. Ich möchte aber auch etwas lernen: die Sprache und natürlich etwas über die Kultur. Ich bin sehr neugierig und ich bekomme schnell Kontakt. Ich bin auch nicht ängstlich.
● Viel Glück!

Drei

● Wohin fliegen Sie?
□ Nach Japan.
● Sind Sie Tourist oder reisen Sie beruflich?
□ Beruflich. Ich habe verschiedene Treffen mit Kollegen von anderen Firmen. Es geht um eine Zusammenarbeit.
● Fliegen Sie das erste Mal nach Japan?
□ Ja. Ich war schon in anderen asiatischen Ländern, aber in Japan war ich noch nicht.
● Wie haben Sie sich auf die Reise vorbereitet?
□ Ich habe mich darüber informiert, auf was man als Geschäftsmann achten muss. Ich habe auch ein spezielles Training in meiner Firma bekommen. Ich denke, ich bin ganz gut vorbereitet. Aber ich bin unsicher. Die Kultur ist mir sehr fremd, aber sie interessiert mich sehr. Ich habe etwas Angst, dass ich ein bisschen verloren bin. Ich kann die Schrift nicht lesen. Aber ich freue mich auch. Es ist etwas ganz Besonderes.

Kapitel 9

1 Hören Sie den Dialog, lesen Sie die Aufgaben und kreuzen Sie die richtige Lösung an.

● Ach, das ist jetzt aber wirklich ärgerlich!
Jetzt hab ich mein Handy im Hotel vergessen und sollte dringend meine Combox zu Hause in der Schweiz anrufen. Herr Andres wollte mir eine Nachricht hinterlassen.
○ Wieso, das ist doch überhaupt kein Problem, das kannst du doch von jedem Telefonapparat aus machen. Hier, nimm mein Handy und höre deine Combox ab.
● Ich weiß nicht wie das genau geht. Wenn ich von meinem Handy aus anrufe, geht alles automatisch, aber wenn ich von deinem Handy anrufe, dann geht das ganz anders.
○ Warte, ich helfe dir. Also, hier, nimm mein Handy.
● Okay.
○ Also, zuerst wählst du die Vorwahl von der Schweiz.
● Die weiß ich: Null – null – vier – eins.
○ Okay. Dann wählst du acht – sechs und dann deine Telefonnummer.
● Acht – sechs – 026 303 30 45 – hab ich.
○ Wenn du die Begrüßung hörst, musst du die Stern-Taste drücken.
● Wo?
○ Auf der Tastatur unten links, den Stern unter der sieben. Hast du das gemacht?
● Ja.
○ Dann musst du dein Passwort eingeben.
● Passwort – was hatte ich da? – Ach ja.
○ Okay? Hast du dein Passwort eingetippt?
● Ja.
○ Und jetzt musst du das beenden. Dafür drückst du das Doppelkreuz.
● Hm ... Wo?
○ Das ist die Taste ganz unten rechts.
● Okay.
▲ Sie haben keine neuen Nachrichten. Nachrichten bearbeiten: Wiederholen Taste eins. Nachrichten ...

Kapitel 10

1 Hören Sie die Kurzinterviews. Was sagen die Personen? Kreuzen Sie an.

Eins

Wir haben Menschen auf der Straße gefragt: „Heimat, was ist das? Haben Sie manchmal Heimweh?" Hören Sie die Antworten.

○ Heimat? Das sind für mich die Freunde, die ich habe.
● Haben Sie manchmal Heimweh?
○ Ja, manchmal schon.
● Was machen Sie dann?
○ Ich gehe in ein gutes Lebensmittelgeschäft und kaufe ein: Fisch in Dosen, oder sonst etwas, was für mich typisch für Heimat ist. Wenn ich wirklich traurig bin, dann höre ich Musik von zu Hause. Oder ich rufe alte Freunde an.

Zwei

● Was bedeutet Heimat für Sie?
□ Für mich ist Heimat das Land, in dem ich geboren wurde und wo ich meine Kindheit verbracht habe. Meine Heimat ist Ungarn.
● Haben Sie manchmal Heimweh nach Ungarn?
□ Ich war 11 Jahre alt, als ich nach Deutschland gekommen bin. Mein Leben lebe ich hier. Ungarn ist ein tolles Land. Ich bin dort ja aufgewachsen und ich fahre gerne dort hin. Aber ich bin jetzt schon so viele Jahre hier. Deutschland ist meine zweite Heimat geworden. Heimweh kenne ich nicht.

Drei

- ● Entschuldigung, was bedeutet Heimat für Sie?
- ■ Oh – Heimat – ich bin oft umgezogen und ich reise viel. Ich bin nie lange an einem Ort. Heimat ist für mich nicht wichtig. Vielleicht ändert sich das, wenn man älter wird. Aber im Moment ist Heimat für mich kein Thema.

Vier

- ● Entschuldigung, woher kommen Sie?
- ▲ Aus Korea.
- ● Leben Sie schon lange hier in Deutschland?
- ▲ Zwei Jahre.
- ● Was bedeutet Heimat für Sie?
- ▲ Das ist mein Zuhause. Korea ist meine Heimat. Da ist mein Herz.
- ● Haben Sie manchmal Heimweh?
- ▲ Ja, oft. Korea ist so anders als Deutschland. Ich habe Heimweh nach meiner Familie, nach meiner Sprache.

Fünf

- ● Und Sie, was bedeutet Heimat für Sie?
- △ Heimat? Das Lachen der Menschen. Die Feste, die wir gefeiert haben. Heimat, das ist ein Gefühl, nichts Konkretes. Aber es ist wichtig, eine Heimat zu haben.
- ● Haben Sie manchmal Heimweh?
- △ Ja, sehr oft sogar. Wenn ich länger als ein Jahr nicht in meinem Heimatdorf war, fehlt mir etwas. Das macht mich traurig. Ich verbringe meine Ferien dort, besuche meine Familie. Ich brauche das.

Kapitel 11

1 Hören Sie den Dialog und notieren Sie die Informationen.

- ● Hast du die Karte gesehen? Nina heiratet!
- ○ Was, Nina heiratet? Wen denn? Ich dachte Nina und Frank haben sich getrennt! Seit wann sind die beiden denn wieder zusammen?
- ● Die beiden sind nicht wieder zusammen. Nina heiratet ihren neuen Freund Jürgen. Die beiden sind seit 4 Wochen ein Paar.
- ○ Wirklich? Ist das wahr? Das ging aber schnell! Kennst du ihren neuen Freund?
- ● Nein. Aber ich habe gehört, dass Nina sehr verliebt ist.
- ○ Das passt zu Nina. Na ja, warum nicht?
- ● Ich weiß nicht, wenn das mal gut geht. Sie kennen sich ja noch gar nicht richtig.
- ○ Ach, komm, Nina weiß schon, was sie tut. Ich finde es toll, dass sie heiratet. Und diesen Jürgen lernen wir dann schon noch kennen. Und wann und wo ist das Fest?
- ● Hier steht, die Trauung ist am 13. Mai nachmittags um 16 Uhr in der Marienkirche. Das Fest ist im Hotel Krone.
- ○ 13. Mai, das ist ja schon bald.
- ● Was ziehe ich da nur an?
- ○ Das rote Kleid ist doch genau richtig.
- ● Ja, vielleicht. Aber ich mag eigentlich keine Hochzeitsfeiern. Müssen wir da hingehen?
- ○ Ja, natürlich. Das wird bestimmt toll. Komm, wir schreiben gleich und sagen zu.
- ● Okay.

2 Sie hören fünf Personen. Wie sprechen die Personen? Höflich oder unhöflich? Markieren Sie.

Eins

Könnte ich noch ein Mineralwasser haben?

Zwei

- ● Wer ist dran?
- ○ Ich bin dran. Ich bekomme drei Brötchen und zwei Berliner.

Drei

Bringen Sie mir ein Bier.

Vier

- ● Ich hätte gern von dem Käse.
- ○ Wie viel darf ich Ihnen geben?
- ● 200 Gramm, bitte.

Fünf

Würdest du bitte eine Jacke anziehen.

CD zum Testheft A2

Sprecher/innen: Ulrike Arnold, Konstantin Kernert, Andrea Kölbl, Lydia Körner, Detlef Kügow-Klenz, Oliver Meyer, Yannick Romano-Brandt, Stefan Rutz, Peter Veit, Sabine Wenkums, Sanae Zens

Musikproduktion und Tonstudio: Heinz Graf, Puchheim
Regie: Sabine Wenkums

Gesamtlaufzeit: **44'28**